中公新書 2084

小和田哲男著

戦国武将の手紙を読む

浮かびあがる人間模様

中央公論新社刊

はじめに

古文書学などというと堅苦しく、何となくとっつきにくい感じになってしまうが、おそらく誰《だれ》もが、例の、みみずののたくったような字が読めるようになったらいいのにと思ったことがあるのではなかろうか。

もちろん、誰もが一朝一夕に読めるようになるわけではなく、訓練を必要とするわけであるが、その訓練を苦痛と思ったのでは、当然のことながら進歩の速度は遅くなる。楽しく訓練を進めるためには、興味をもったところからはじめればいいというのが私の持論である。

私自身、戦国時代を研究対象としてきているので、古文書解読も、一応の基礎を学習したあとは、古文書一般ではなく、戦国武将の書状を中心に読むための訓練をした。

戦国武将にも個性があって、几帳面《きちょうめん》な字を書く右筆《ゆうひつ》を好んで用いた者もいれば、流麗な達筆の右筆に書かせている者もいておもしろい。はじめのうちは、できるだけ几帳面な字の書状から入り、慣れてきてから読みづらい字に進んでいくのが、古文書学習の基本である。

本書でも、比較的読みやすい字のものから読みづらい字のものへと段階的に進むよう配列しているので、読み方の練習に使ってもらえるのではないかと考えている。右筆はある意味では字を書くのが仕事なので、字もうまいし、読める字を書いてくれている。ところが、自筆となると、それぞれの個性があるし、また、感情が入った書き方にもなることが多く、概して読みにくい。しかし、自筆書状には心打たれる内容のものが多く、本書でも、右筆書きの書状だけでなく、自筆のものもいくつか取り入れている。

歴史研究にとって、史料は不可欠であり、特に、当事者の書いた日記や書状の史料的価値は高く、一通の古文書が見つかったことで歴史が書き換えられたという例も少なくない。古文書を読める人がふえ、多くの人の目で探せば、まだまだ埋もれている古文書がもっと発見されるのではないかと考えている。

本書によって戦国武将の書状に親しみをもつ人がふえることを願いながら、一通ずつ写真を掲載し、その活字化(翻刻、釈文ともいう)、読み下し、それに現代語訳を添え、最後に、どういう背景でその書状が出されたのか、また、その書状はどういう意味をもっていたのかを具体的に解説していくことにしたい。

戦国武将の手紙を読む　目次

1 武田信玄書状——山本勘助は実在した

武田信玄肖像（和歌山県伊都郡高野町・高野山持明院蔵）

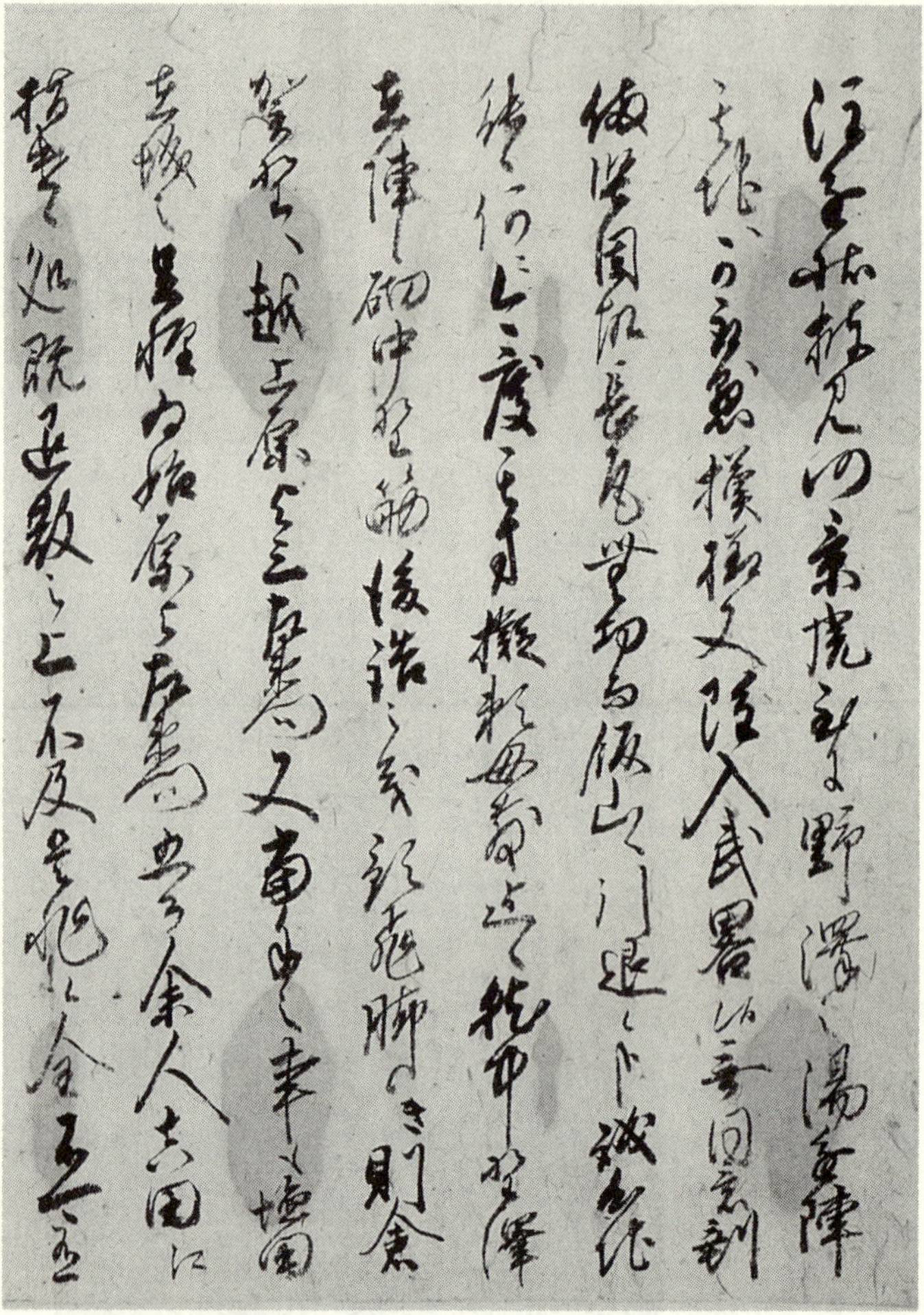

（山梨県立博物館蔵）

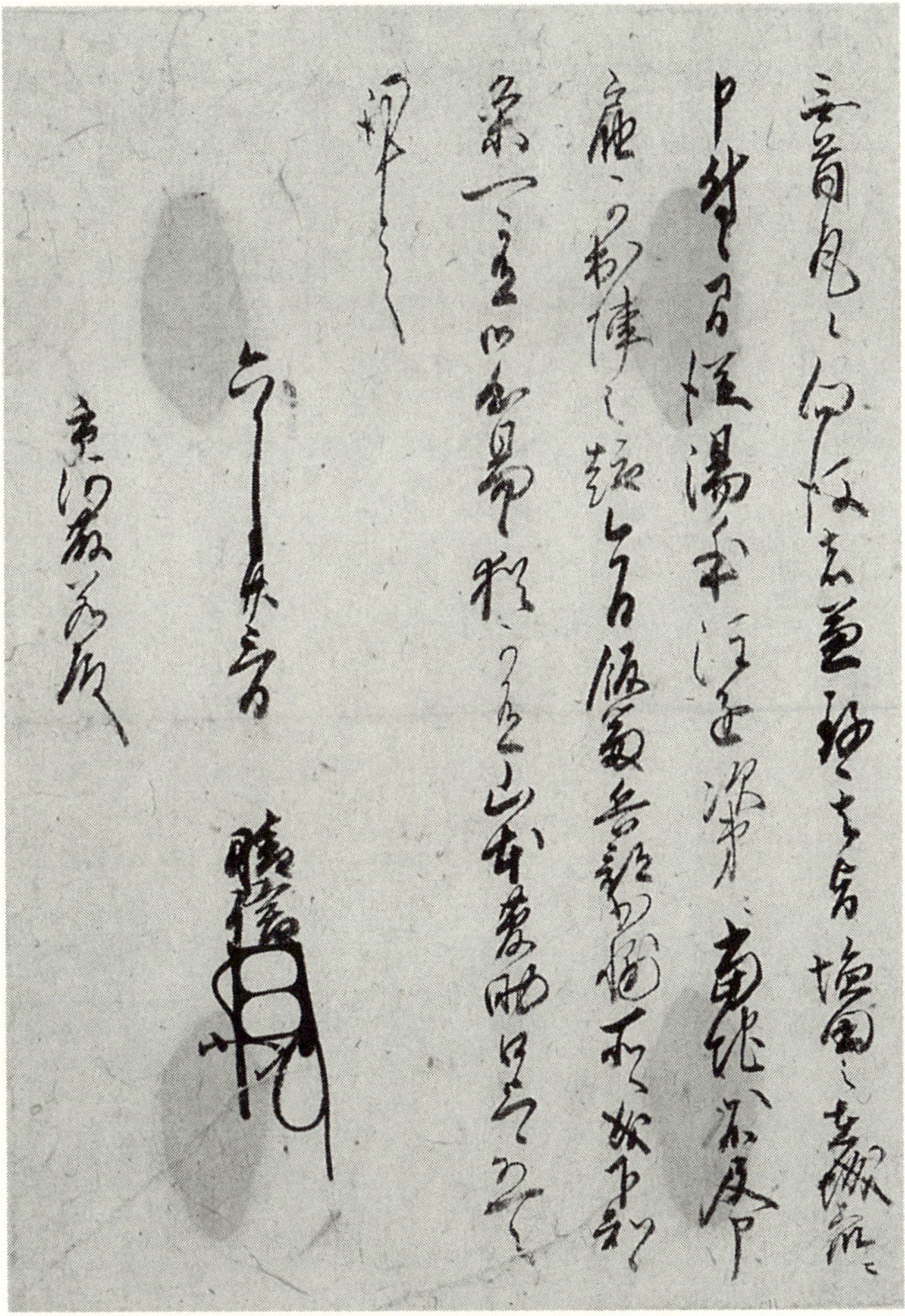

3

〔翻刻〕

注進状披見仍景虎至于野澤之湯進陣
其地へ可取懸模様又雖入武略候無同意剰
備堅固故長尾無功而飯山へ引退候哉誠心地
能候何モ今度其方擬頼母敷迄候就中野澤
在陣之砌中野筋後詰之義預飛脚候き則倉
賀野へ越上原与三左衛門尉又當年之事も塩田
在城之足軽為始原与左衛門尉五百余人真田江
指遣候処既退散之上不及是非候全不可有
無首尾候向後者兼存其旨塩田之在城衆ニ
申付候間従湯本注進次第ニ當地へ不及申
届可出陣之趣今日飯富兵部少輔所へ成下知候
条可有御心易候猶可有山本菅助口上候恐々
謹言

六月廿三日　　　　晴信（花押）

市河藤若殿

〔読み下し〕

注進状披見。仍《よっ》て景虎《かげとら》、野沢《のざわ》の湯に至り陣を進め、其の地へ取り懸かるべき模様、又武略に入り候と雖《いえど》も、同意無く、剰《あまつさ》へ備《そなえ》堅固故《ゆえ》、長尾《ながお》功無くして飯山《いいやま》へ引退き候哉《や》誠に心地よく候。何《いず》れも今度《このたび》、其《そ》の方の擬頼母《はかりたのも》敷迄《しきまで》に候。なかんづく野沢在陣の砌《みぎり》、中野《なかの》筋後詰《ごづめ》の義、飛脚に預り候き。則《すなわち》倉賀野《くらがの》へ越し、上原与三左衛門尉《じょう》、又当年の事も塩田《しおだ》在城の足軽を始めとして、原与左衛門尉五百余人、真田《さなだ》へ指し遣《つか》はし候処、既に退散の上是非に及ばず候。全く無首尾有るべからず候。向後《こうご》は兼《かね》て其の旨を存じ、塩田の在城衆に申し付け候間、湯本《ゆもと》より注進次第に当地へ申し届けるに及ばず出陣すべきの趣、今日飯富《おぶ》兵部少輔《ひょうぶのしょう》の所へ下知を成し候の条、御心易《やす》く有るべく候。猶山本菅助《なおやまもとかんすけ》口上有るべく候。恐々謹言

六月廿三日　晴信《はるのぶ》（花押《かおう》）

市河《いちかわ》藤若殿

〔現代語訳〕

注進状を拝見しました。景虎（長尾景虎、上杉謙信《うえすぎけんしん》のこと）が野沢の湯のところまで陣を進め、その地に取り懸かろうとしている模様とのことですが、あなたの同意が得られず、また、

備えを堅固にして防いでくれたので、長尾はなすすべもなく飯山へ引き退いた様子、誠に心地よく思います。何れにしても、今度のその方の軍略はたのもしい限りです。特に野沢在陣のとき、中野筋への後詰の件についても飛脚で知らせていただきました。すぐに（上野《こうずけ》の）倉賀野へも伝え、上原与三左衛門尉、また当年は塩田在城の足軽を始めとして、原与左衛門尉五百余人を真田へ指し遣わしたので、敵はすでに退散し、どうということはありません。手ぬかりはないので、今後もこれらのことを承知して塩田の在城衆へも申し付けたので、湯本（野沢）より当地へ注進次第、こちらには申し届けることなくすぐ出陣すべき旨、今日、飯富兵部少輔の所へは下知しましたので、ご安心下さい。猶、山本菅助からの口上がありま す。恐々謹言

六月二十三日　　　晴信（花押）

市河藤若殿

市川文書の発見

この文書は武田《たけだ》信玄《しんげん》書状ではあるが、信玄書状としてより、山本勘助《かんすけ》関係文書として知られている。山本勘助は、小説や映画、テレビドラマなどでは武田信玄の軍師として有名だが、研究者の間では、たしかな文書に全く名前が出てこないことから、長いこと「架空の軍師」

とされてきた。

ところが、この文書の末尾に、「猶可有山本菅助口上候」とある山本菅助が山本勘助のことと考えられるようになり、勘助実在説が唱えられるに至ったのである。ちなみに、勘助の字が菅助となっていることで、「あの山本勘助とは別人ではないか」との声もあるが、当時は宛字《あてじ》はあたりまえで、今日では同一人とする説が有力となっている。

文書が発見されたのは意外に新しく、昭和四十四年（一九六九）である。この年、NHKの大河ドラマが『天と地と』で、その放映が発見のきっかけになったというのもおもしろい。『天と地と』は海音寺《かいおんじ》潮五郎《ちょうごろう》原作で、武田信玄と上杉謙信のあの川中島《かわなかじま》の戦いをメインにしたドラマであるが、ブラウン管に映し出された武田信玄文書の花押、すなわち文章末尾の信玄の署名をみて、「うちにも同じものがある」と名乗り出た人がいた。それが、この文書の宛名市河藤若のご子孫にあたる市川良一氏だったのである。

場所は北海道釧路《くしろ》市で、「何で信玄の文書が北海道にあるのか」と、私も最初は不思議に思ったが、市川家の由緒を調べてその疑念は氷解した。市河藤若の子孫はその後、上杉景勝《かげかつ》に仕え、江戸時代は上杉藩士として幕末まで米沢《よねざわ》に暮らしていたが、明治維新後、屯田兵《とんでんへい》として、米沢から北海道に移住したのである。文書も大事に持っていったわけであるが、どうして世に出なかったのかについてはわからない。もしかしたら、「山本勘助架空の軍師説」

が一世を風靡《ふうび》していたので、所蔵者が偽文書と考えてしまったものかもしれない。

使者に持たせた手紙

さて、この文書、書状なので年の記載がない。何年の六月二十三日なのかを確定しなければならない。書かれている内容から年代を推定していくことになるが、景虎、すなわち上杉謙信が「野沢の湯」まで出陣してきていたというのがヒントになる。「野沢の湯」というのは現在の野沢温泉のことで、謙信軍がそのあたりまで出陣していたのは弘治《こうじ》三年(一五五七)の川中島の戦い第三回戦のときということになる。

この文書が出される少し前、五月十日付で、謙信が高井《たかい》郡の元隆寺《げんりゅうじ》(飯山市瑞穂《みずほ》。現・小菅神社)に戦勝祈願をしている文書があり、文中「長尾無功而飯山へ引退候」とも合致するので、弘治三年六月二十三日付と考えられる。

宛名の市河藤若は、このころ、信濃《しなの》国境で、武田信玄からも招かれ、上杉謙信からも招かれるという立場にあったものとみえ、信玄としては、なんとか味方陣営につなぎとめておきたいと考えたのであろう。信濃における自軍有利な戦況を報じている様子がうかがわれる。

文中、「飛脚」の言葉がみえるように、当時、すでに飛脚が文書を届けるということはあったが、特に軍事機密に属するようなものは、飛脚に託すのではなく、文書を持った使者が

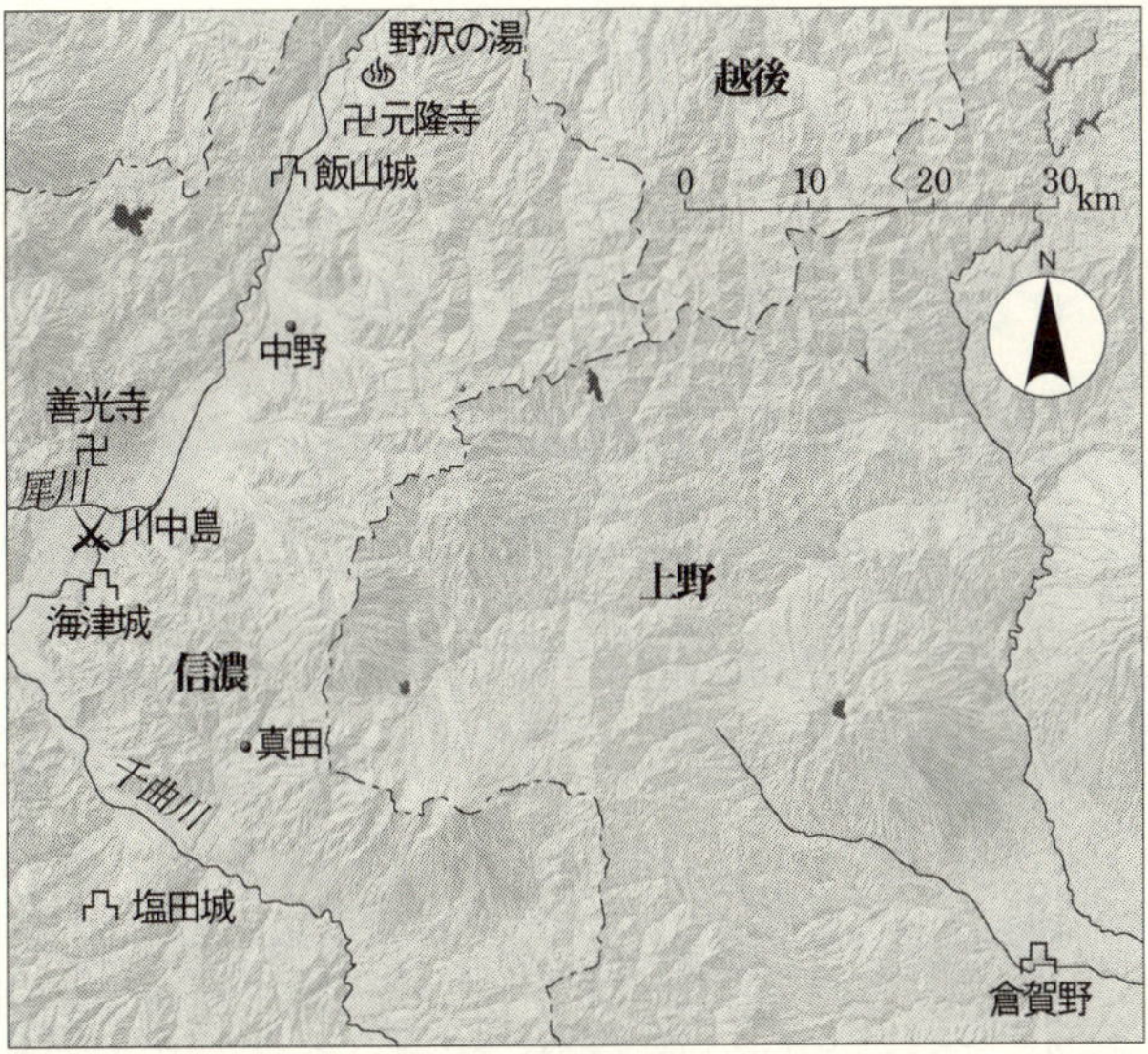

直接相手先を訪れ、手渡しするのがあたりまえであった。それは、飛脚がもし途中で敵方に寝返り、敵に文書を届けてしまえば、情報が筒ぬけになってしまうし、途中で敵の襲撃を受けて奪い取られるかもしれないからである。

そこで、大事な文書は、家臣の中から選ばれた者が使者となって相手に届けることになる。その場合、やはり、途中で奪われることを想定し、特に大事な機密事項にかかわる内容は書き込まなかったようである。この信玄書状の最後の行に「猶可有山本菅助口上候」とあるのがそのことを物語っている。「委細誰々口上可有候」などと書かれることもある。つまり、書状そのものには大まかなことしか書かず、機密事項に属すことがらは、直接、使者が口上を述べることになっていたのである。

したがって、この時期の市河藤若のように、武田・上杉の国境付近に位置する武将の場合、信玄につくのがいいのか、謙信につくのがいいのか揺れているわけで、「信玄様についている方が得ですよ」と説得しなければならない。単なる飛脚ではそのような役割は果たせないので、こうした文書を届ける使者は、「信玄の特使」という性格ももっていたことになる。

そこで注目されるのが、山本菅助、すなわち山本勘助の武田家中における位置づけである。この問題を考えるためには、山本勘助に関するこれまでの研究史にふれる必要がある。

山本勘助を「架空の軍師」と断定したのは明治二十四年（一八九一）に、田《た》中義成《なかよしなり》氏が「甲陽軍鑑考《こうようぐんかんこう》」（『史学会雑誌』十四号）という論文で、『甲陽軍鑑』を偽書とし、「山本勘介ハ山県昌景《やまがたまさかげ》ノ一部卒ニ過ギズ」と書いてからである。以後、その説がずっと受けつがれてきた。たしかに、『甲陽軍鑑』以外に山本勘助の名がたしかな文書に一度も出てこないので、「架空の軍師説」に反論ができなかったのは当然であった。

ところが、昭和四十四年に「市川文書」が発見され、そこに「山本菅助」の名前が出てきたことで流れは少しずつ変わり、その後、何通かの山本菅助の関係文書が発見され、今日では実在の人物であることは確実視されるに至った。

しかし、研究が進むにつれ、山本勘助の実像も、従来の理解とは少しずつ違ってきたことも事実で、これまで、小説や映画、テレビドラマなどによって作られてきたイメージ、すなわち、常に信玄の傍《かたわら》にいて、作戦などを進言する軍師という姿とはかなり違ったものになってきたのである。そのイメージを変える一つのきっかけとなったのがこの「市川文書」で、山本勘助は軍師というより、軍使だったという理解になりつつある。もっとも、軍使は、近代軍隊でいう伝令使で、伝令使は情報将校ということなので、勘助も、一種の情報将校のように、信玄の側にあって、それなりの地位にあったとみることはできよう。

なお、山本勘助は、「城取《しろど》り」、すなわち築城術において信玄に重く用いられており、第四次川中島の戦いの舞台となった海津《かいづ》城の縄張りを行っている。

2 北条早雲書状——ルーツを明かした手紙

北条早雲肖像（岡山県井原市・法泉寺蔵。井原市文化財センター古代まほろば館提供）

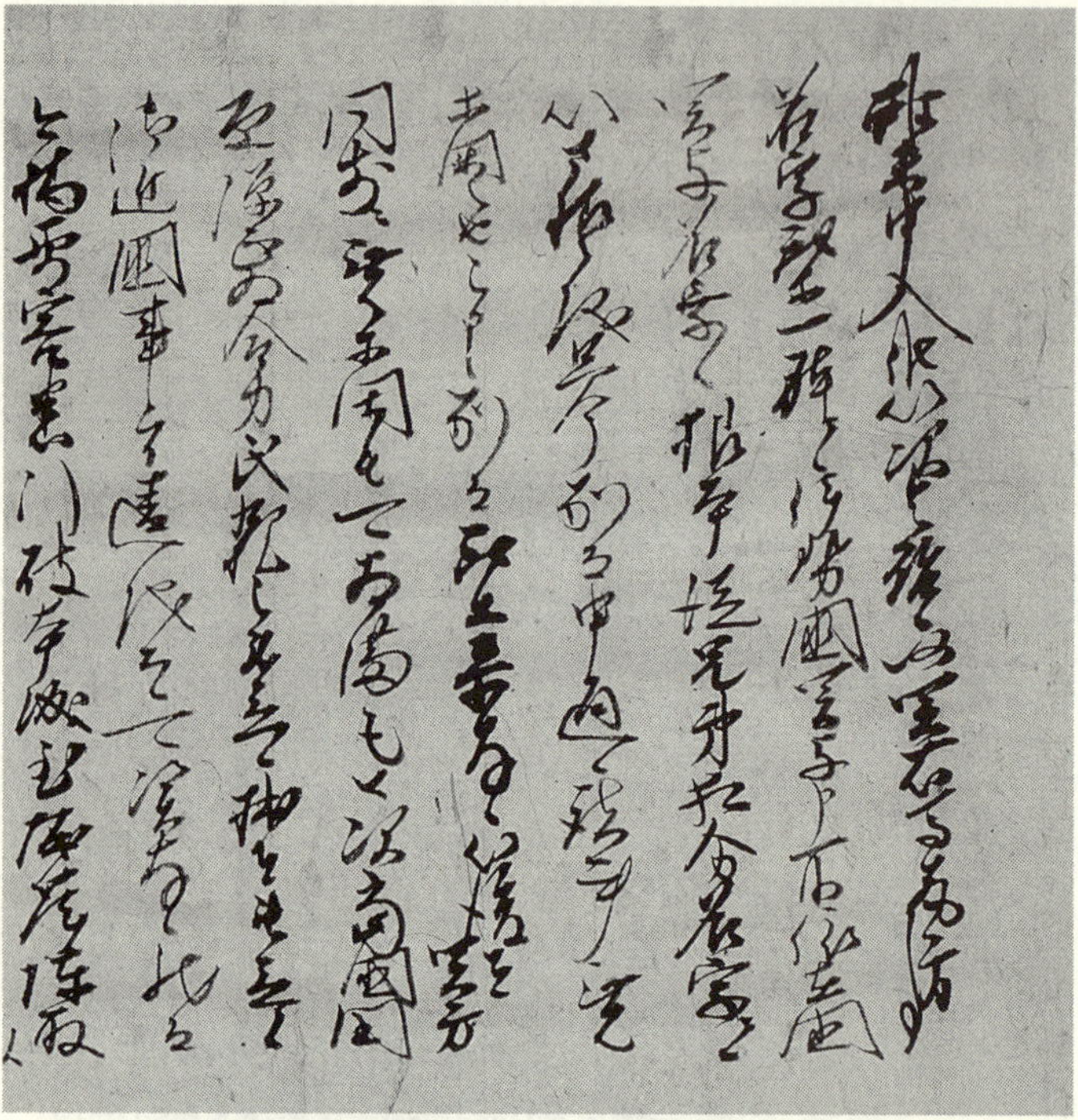

（神奈川県足柄下郡箱根町・早雲寺蔵。箱根町立郷土資料館提供）

〔翻刻〕

雖未申入候以次令啓候仍関
　右馬允方事
名字我等一躰ニ候伊勢国関
　与申所依在国
関与名乗候根本従兄弟相分
　名字ニ候
以左様之儀只今別而申通候
　諸事無御
等閑之由被申候別而我等忝
　存候以後者関方
同前ニ無御等閑候者可為満
　足候次當国田
原弾正為合力氏親被罷立候
　拙者罷立候
御近国事候間違儀候ハ、可

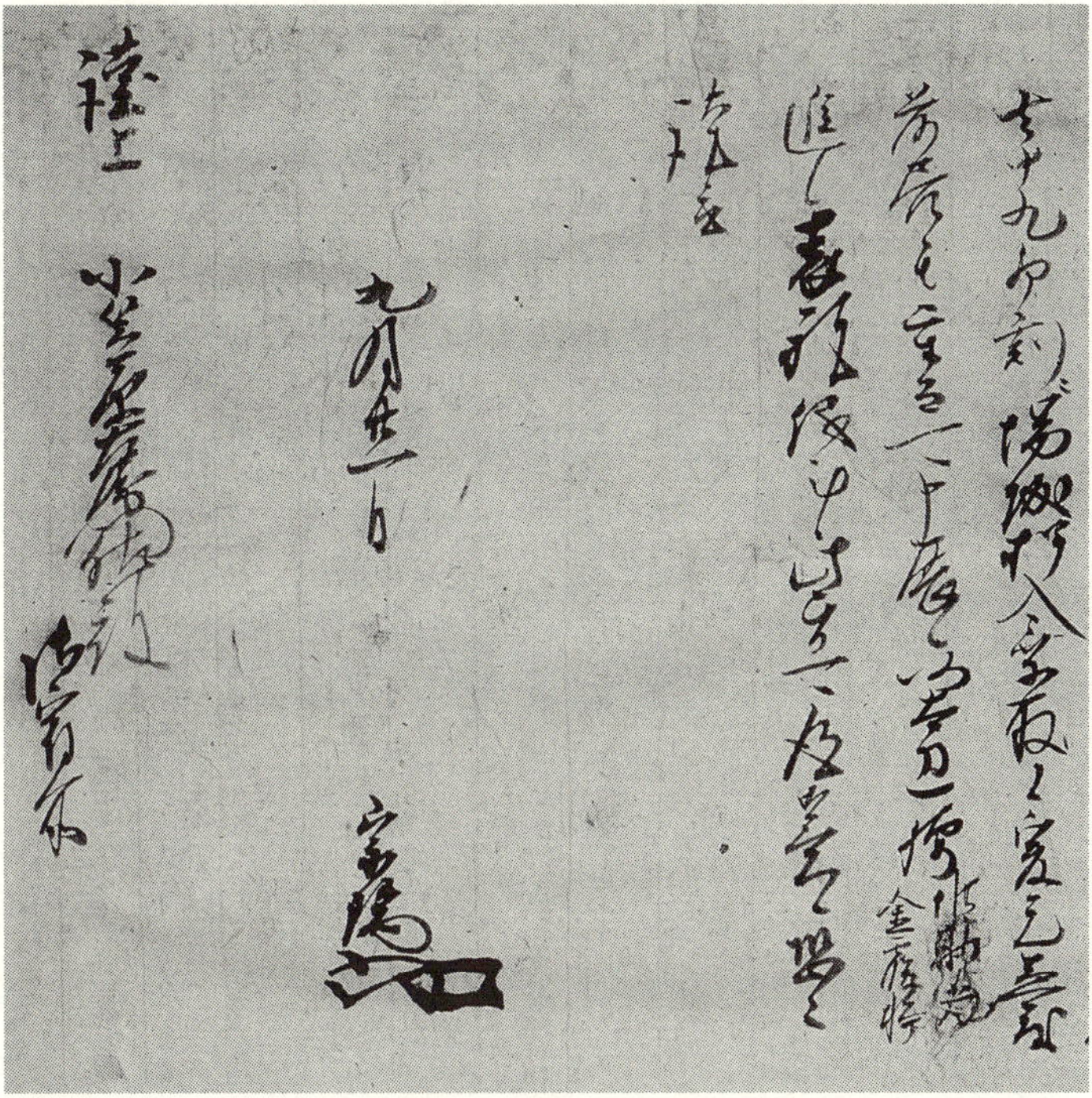

憑存候然而
今橋要害悉引破本城至堀厓
陣取候
去十九卯刻ニ端城押入乗取
候爰元急度
落居候者重而可申展候仍太
刀一腰作助光 金覆輪
進候表祝儀計候此旨可得御
意候恐々
謹言
九月廿一日
宗瑞（花押）
謹上　小笠原左衛門佐殿
御宿所

〔読み下し〕

未《いま》だ申し入れ候はずと雖も、次《ついで》を以《もっ》て啓せしめ候。仍《よっ》て、関《せき》右馬允（春光）方の事、名字我等一体に候。伊勢《いせ》国関《せき》と申す所在国に依《よ》り、関と名乗り候。根本、兄弟より相分かれる名字に候。左様の儀を以て、只今《ただいま》別して申し通じ候。諸事御等閑《とうかん》無きの由申され候。別して我等忝《かたじけ》なく存じ候。以後は関方同前に御等閑無く候はば満足たるべく候。次に、当国田原弾正合力《たはらだんじょうごうりき》として氏親（今川）罷《まか》り立てられ候。拙者も罷《まか》り立ち候。御近国の事に候間、違儀候はば憑《たの》み存ずべく候。然《しか》して今橋《いまはし》要害悉《ことごと》く引き破り、本城堀圧（崖）に至り陣取候。去る十九卯《う》の刻に端城《はじょう》押し入り乗つ取り候。爰元《ここもと》急度《きっと》落居《らっきょ》候はば、重ねて申し展《の》ぶべく候。仍て太刀一腰助光作金覆輪進《まい》せ候。祝儀を表はす計《ばかり》に候。此の旨御意《ぎょい》を得べく候。恐々謹言

九月廿一日　宗瑞《そうずい》（花押）

謹上　小笠原《おがさわら》左衛門佐（定基）殿

御宿所

〔現代語訳〕

これまで一度も御手紙を差し上げたことがありませんでしたが、ついでがあったので御手紙致します。関右《う》馬允《まのじょう》とは名字が私と一体です。伊勢国の関というところに居住していたの

で関と名乗っています。根本は、兄弟から分かれた名字ということになります。そうした縁があって、このたび御手紙を差し上げています。諸事、よろしくお願いします。今後とも、関氏と同様目をかけていただければありがたく思います。

次に、三河《みかわ》国田原弾正の合力として今川氏親《いまがわうじちか》が出陣し、私も出陣致しました。御近国のことでもありますので、何かあったときにはよろしくお願いします。今回、今橋要害を悉く引き破り、本城の堀崖《ほりがけ》に陣取りしました。そして、去る十九日卯の刻（午前六時ごろ）には、端城に押し入り乗っ取りに成功しました。この後、きっと落居させますので、そのときにはまた御手紙を差し上げます。そこで太刀一腰（助光の作、金覆輪）を進呈致します。御祝儀としてお受け取り下さい。喜んでいただければ幸いです。恐々謹言

九月二十一日　宗瑞（花押）

謹上　小笠原左衛門佐《さえもんのすけ》殿

御宿所

今橋城の戦い

この文書、発給者（差出人）の名前が「宗瑞」となっていることについては、若干の説明が必要であろう。「宗瑞」は北条早雲《ほうじょうそううん》のことであるが、厳密にいうと、早雲自身は自分のこ

毛賀沢川の対岸からみる松尾城跡（長野県飯田市松尾代田）

とを一度も北条早雲とは称していない。

伊勢新九郎《しんくろう》と称し、名乗り（諱《いみな》）は盛時《もりとき》で、伊勢盛時が正しく、出家して早雲庵宗瑞といっているので、伊勢宗瑞と書かなければならないところである。早雲の子氏綱《うじつな》のときに初めて北条姓を使いはじめるが、ふつう北条早雲といいならわしているので、ここでも北条早雲として進める。

「九月廿一日」とだけあって年代の記載がない。年代推定の手がかりは、今川氏親および北条早雲の三河への出陣と今橋要害、すなわち今橋城での戦いがあった年ということになる。

今橋城というのは、のちの三河吉田《よしだ》城（豊橋市）のことで、戦国期には牧野古白《まきのこはく》が城主であった。そこで戦いがあったのは永正《えいしょう》三年

（一五〇六）であることが確実なので、この文書は永正三年九月二十一日付だということになる。

宛所の小笠原左衛門佐定基《さだもと》は信濃守護《しゅご》小笠原氏の系譜を引き、信濃の中でも三河に近い伊《い》那《な》郡の松尾《まつお》城（飯田《いいだ》市）の小笠原氏で、松尾小笠原といった。信濃守護小笠原氏は長基《ながもと》の子どものときに、長秀《ながひで》系の深志《ふかし》（松本《まつもと》市）小笠原と政康《まさやす》系の松尾小笠原に分かれ、定基は松尾小笠原であった。略系図にすると、

長基┬（深志）長秀―持長―清宗―長朝―貞朝
　　└（松尾）政康―光康―家長―定基―貞忠

となる。

早雲は、今橋城の牧野古白を攻めるにあたって信濃の小笠原定基の支援を得るために、太刀一腰を贈り、好《よしみ》を通じようとしたのである。

さて、この早雲文書で、早雲自身が強調しているのは、小笠原定基の被官《ひかん》関右馬允春光《はるみつ》との姻戚《いんせき》関係である。「関右馬允方事名字我等一躰ニ候」とある部分で、この箇所が北条早雲出自論争の一つのきっかけとなっている。

関右馬允春光という武将についてはよくわからないことが多いが、信濃と三河の国境に近い、現在の長野県下伊那《しもいな》郡阿南《あなん》町新野《にいの》というところに日差《ひざし》城という城があり、その城主が関氏であった。つまり、早雲は、牧野古白との戦いを有利に運ぶため、信濃・三河国境に近い地域を領していた関氏を味方につけようとし、その主家である小笠原定基に好《よしみ》を通ずる必要からこの文書を出したものと思われる。そこに、「関右馬允とは名字が私と一体です」といい、「根本、兄弟より相分かれる名字に候」と書いたことで、早雲出自の論争に一石を投ずる結果となったわけである。

早雲の出自に関しては、『北条五代記』にみえる山城《やましろ》国宇治《うじ》説や大和《やまと》国在原《ありわら》説のほかに京都伊勢氏説というものがあった。それに対し、この小笠原定基宛早雲文書で、早雲自身が、「自分は伊勢の関氏と同族だ」といっていることを根拠として、藤岡継平《ふじおかつぐへい》・阿部愿《あべげん》氏らが伊勢出身説を唱えるようになり、最終的に、田中義成氏が大正元年（一九一二）に行った講演「北条早雲と韮山《にらやま》城」（翌年『歴史地理』伊豆半島号として刊行）で決着がつけられる形となっ

0　10　20　30km
N
松尾城
美濃
信濃
日差城
三河
豊川
遠江
天竜川
今橋要害
田原城
遠州灘

た。その部分を引用しておく。

……京都の伊勢氏から出たと云《い》ふことは大《おお》いに疑はしいと思ふのであります。何故ならば当時京都の伊勢氏と云ふ者は非常に権勢を有して居る人でありまして、将軍以上の権力のある人である、其人の子息或《あるい》は弟と云ふやうなことでありましたならば、当時の公家《くげ》の日記録などに出て来なければならぬ筈《はず》である、然《しか》るに毫《ごう》もさう云ふ証拠が出て居りませぬからして、疑はしい事であると予《かね》て思つて居りましたのでありますが、果して京都の伊勢氏ではなくて伊勢の関氏の一族であると云ふことが明《あきら》かになつて参つたのであります。

それは何で分つたかと云ふと、元《も》との越前《えちぜん》の勝山《かつやま》の藩主小笠原子爵家に所蔵されて居る文書の中に早雲の書状がありました、……

田中義成氏はこのように述べたあと、早雲書状に、関右馬允と同族であると記されている部分を紹介している。こうして、京都伊勢氏説が否定され、早雲伊勢出身説が唱えられるようになったのである。しかも、伊勢の関氏というのが名族というわけではないことから、早雲の出自も同じようなものとみて、次第に伊勢素浪人説が幅をきかすようになった。

たとえば、桑田《くわた》忠親《ただちか》氏が昭和五十六年（一九八一）に発表した論文「北条早雲の素姓について」（『日本歴史』三九二号）では、この早雲書状を取りあげ、「早雲は、元来、伊勢の関の野武士のせがれであったが、新九郎長氏《ながうじ》と称し、その妹が駿河《するが》の守護大名今川義忠《よしただ》の内室になっているのを頼り、駿河に来て、今川家の食客となった。つまり、素浪人の身分であった」とまとめている。

早雲自らが自分の出自についてふれている文書や記録はほかになく、この早雲書状の情報が唯一の手がかりであることは間違いない。

ただ私は、「関右馬允方事名字我等一躰ニ候」とある部分や「根本従兄弟相分名字ニ候」とある部分を田中義成氏や桑田忠親氏のように読みとることについては異論をもっている。私は、「関氏とは根本兄弟の間柄であった」というのを、「関氏からの分かれ」とか、「関氏の一族」とは読まない。ここは、単に、「関氏とはもとをただせば同族」といったのにすぎないのではないかと考えている。つまり、「同じ伊勢平氏である」といった程度のいい方だったと解釈している。

備中伊勢氏説

早雲の本来の名前は前述したように伊勢新九郎盛時で、伊勢を名字としていたことは間違いない。では、伊勢の素浪人ではなく、また、京都伊勢氏そのものでもないとしたら、早雲はどこの出身だったのだろうか。

早雲の出自について、山城国宇治説・大和国在原説・京都伊勢氏説・伊勢素浪人説のほかにもう一つ備中《びっちゅう》伊勢氏説というのがある。江戸時代に書かれた小瀬甫庵《おぜほあん》の『太閤記《たいこうき》』や軍記物の『中国兵乱記』に備中の伊勢氏の出身であったことをにおわせるものもあったが、きちんとした論文の形で発表したのは藤井駿《ふじいすすむ》氏の「北条早雲と備中国荏原《えはら》荘」(『岡山大学法文学部学術紀要』第五号)というのが最初であった。昭和三十一年(一九五六)のことである。

その後、立木望隆《ついきもちたか》氏が『北条早雲素生考』(昭和四十六年刊)で備中伊勢氏説を補強されたが、備中の出身で、京都の史料に名のみえる伊勢新九郎盛時と、伊豆《いず》・相模《さがみ》の戦国大名となる伊勢新九郎長氏が同一人物であることが論証されないままで、備中伊勢氏説は認知されない状態が何年か続いた。「伊勢新九郎という名前が同じ人間が、片や備中・京都で活躍し、片や伊勢・駿河・伊豆・相模で活躍した」というわけで、同名異人という解釈である。

戦国大名となった伊勢新九郎の名乗りについては、これまで長氏あるいは氏茂《うじしげ》とされており、備中出身の伊勢新九郎の名乗りである盛時とは違っていた。ところが、私は、戦国大名となった伊勢新九郎も名乗りを盛時といっており、京都の伊勢氏に養子として入ったことをつきとめたのである。これによって、今日、早雲は備中出身の伊勢新九郎盛時だったことが定説として受け取られるようになった。

なお、この文書が出されたころの早雲は、すでに伊豆一国からさらに相模の西部まで版図を組みこむ戦国大名として成長していたが、自分にとって甥《おい》にあたる今川氏親を補佐し、今川領国の拡大のために戦っていた。早雲自身は、「自分は今川氏親の軍師である」と位置づけていたのではなかろうか。

3 浅井長政書状——戦国大名への道

浅井長政肖像（滋賀県長浜市・小谷城址保勝会蔵）

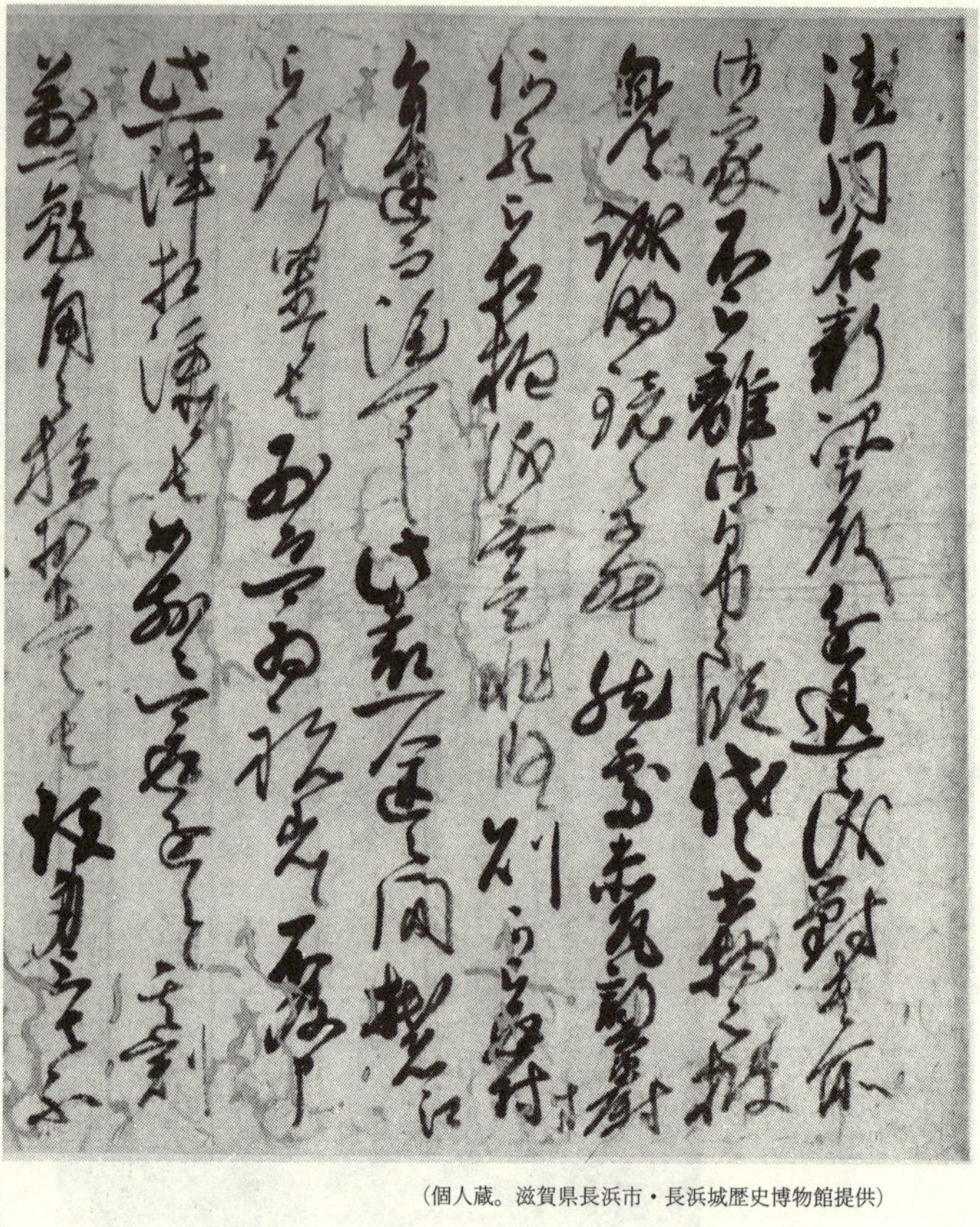

（個人蔵。滋賀県長浜市・長浜城歴史博物館提供）

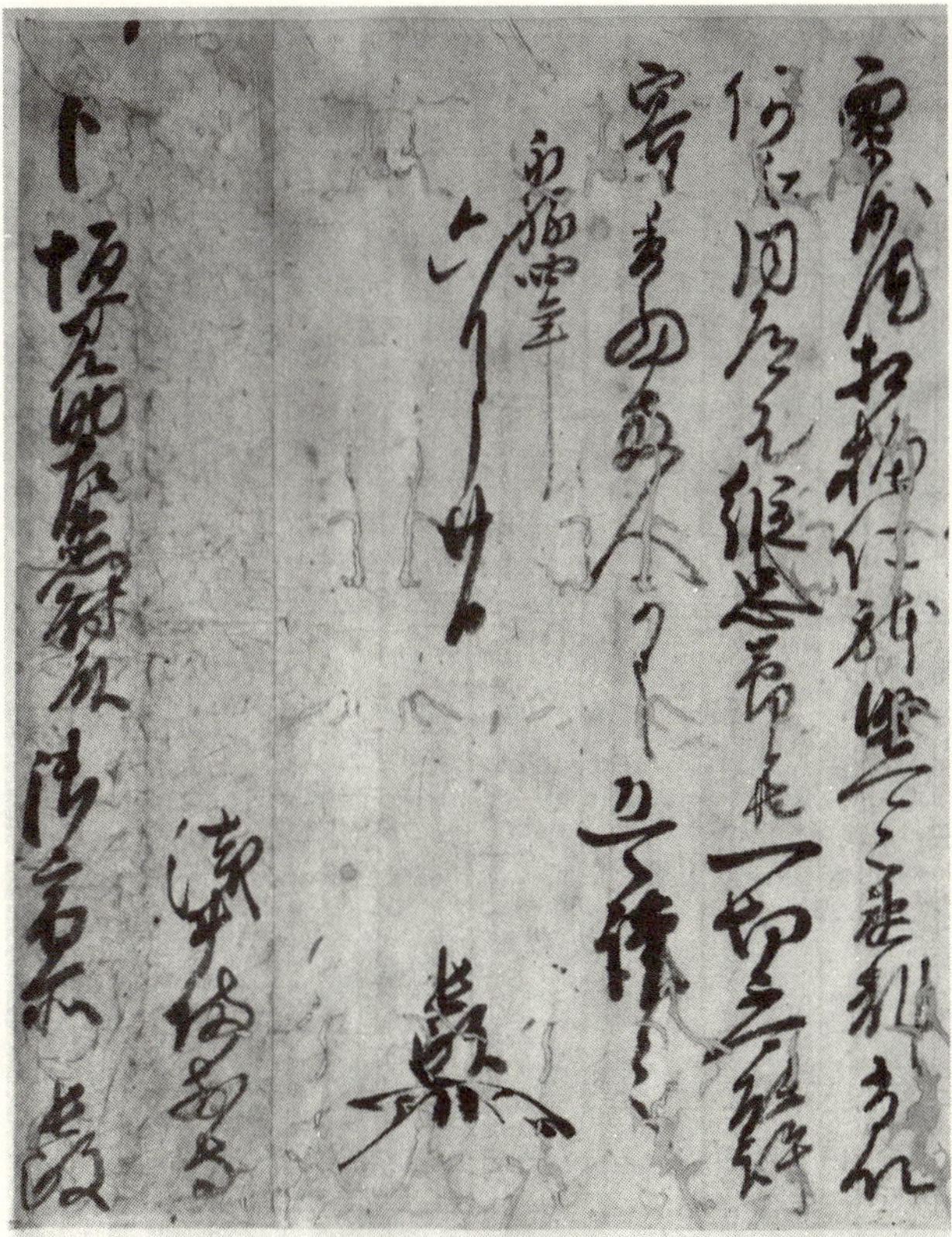

〔翻刻〕

御同名新次郎殿進退之儀対貴所
御家不被離御与力之段代々書物令披
見候誠明鏡之子細候然処赤尾新兵衛尉方
何歟被相抱儀無是非存候則可被返付
旨達而雖可申候此表一途之間拙者江
被預ケ置候者別而可為祝着候不及申
此一陣相済候者如前々可返進之候其刻
萬一兎角之族在之者彼身上者不
覃沙汰相抱仁躰堅可令違乱候尚以
何江同道にて縦忠節候共一切不可能許
容候委細両人可申候恐々謹言

永禄四年

六月廿日　　長政（花押）

（捻封ウハ書）

「　浅井備前守

垣見助左衛門尉殿　長政
御宿所　」

〔読み下し〕

御同名新次郎殿進退の儀、貴所に対し御家離れざる御与力《よりき》の段、代々の書物披見せしめ候。誠に明鏡の子細に候。しかるところ、赤尾《あかお》新兵衛尉《しんべえのじょう》方、何かと相抱へらる儀、是非無く存じ候。すなはち返付せらるべき旨、達《た》つて申すべく候と雖《いえど》も、この表一途《おもていちず》の間、拙者え預け置かれ候はば、別して祝着《しゅうちゃく》たるべく候。申すに及ばず、この一陣あひ済み候はば、前々のごとくこれを返しまゐらすべく候。そのとき万一兎角《とかく》の族《やから》これあらば、彼の身上は沙汰《さた》におよばず、相抱へる仁体《じんてい》、堅く違乱せしむべく候。尚以《もっ》ていづれえ同道にて、たとひ忠節候とも、一切許容あたふべからず候。委細両人申すべく候。恐々謹言

永禄《えいろく》四年

六月廿日　長政《ながまさ》（花押）

〔現代語訳〕

御同名の新次郎殿の進退のことについて、あなたの家を離れることのできない与力である

ことは、代々の書物をみせていただき、まさにその通りであると思います。ところが、今回、赤尾新兵衛尉のところに抱えられることになったのは是非もないことなのです。すぐ、返してほしいとたっての催促をされましたが、ここは、この表一途に考えておりますので、私に預けたという形にしていただければうれしく思います。いうまでもありませんが、この戦いが終わりましたならば、以前のように新次郎の身柄はそちらにお返しします。そのとき、万一、何か文句をいう者がいたならば、新次郎の身上については保障しますし、抱えた赤尾新兵衛尉の誤りになります。なお、赤尾新兵衛が新次郎をどこに同道しようが、たとえ、忠節を働いても、新次郎をそのまま抱えるということは決して許しません。くわしいことは、両人が申し述べます。恐々謹言

永禄四年

六月二十日　　　長政（花押）

自立する長政

この書状、書状なのに「永禄四年」と書いているのは珍しい。永禄四年（一五六一）六月二十日付の文書である。

浅井《あざい》長政は、亮政《すけまさ》—久政《ひさまさ》—長政と続く「浅井三代」の三代目である。初代亮政が守護大名

京極《きょうごく》氏の家臣から国人一揆《こくじんいっき》によって戦国大名化をとげ、北近江《きたおうみ》三郡（伊香《いか》・東浅井《ひがしあざい》・坂田《さかた》）を支配し、南近江の戦国大名六角《ろっかく》氏とたびたび戦っている。二代目久政は一時期、六角氏の圧力に屈し、六角氏の家臣の扱いを受け、子に六角義賢《よしかた》から「賢」の字をもらい、賢政《かたまさ》と名乗らせ、また、その賢政に、六角義賢の重臣平井定武《ひらいさだたけ》の娘を迎えていた。

六角氏の家臣扱いを受けるのに反発したのが賢政で、赤尾清冬《きよふゆ》・磯野《いその》員昌《かずまさ》ら何人かの腹心と相談の上、弱腰だった父久政を隠居させ、平井定武の娘を離縁してこれを送り返し、さらに、賢政の「賢」の字も返上し、長政と改名しているのである。

こうして浅井家の当主となった長政が、自立したばかりの時点で出したのがこの書状である。宛名の垣見《かきみ》助左衛門尉《すけざえもんのじょう》は、本来は浅井氏と同じ京極氏の家臣で、いってみれば同格の国人領主であった。それが、浅井氏の戦国大名化にともない、その家臣に組みこまれていくわけであるが、この書状によって、その経過が垣間みられるのである。

冒頭の「御同名新次郎殿」というのは、垣見氏と同名ということなので、垣見助左衛門尉の一族被官で、助左衛門尉の麾下《きか》に属していた。

その新次郎を赤尾新兵衛尉清冬が抱えて出陣したことで問題が生じた。垣見助左衛門尉が、「新次郎はもともと自分の与力（軍事指揮下に入る者）であるのにどういうことだ」と怒り、新次郎が自分の与力であることを示す証拠書類を提出し、訴えでたのである。

それに対し、助左衛門尉をなだめ、「この表一途の間」、つまり、今回は特別なので許してほしいと説得しているのがこの書状ということになる。

「この表一途の間」は、年月日から推測すると、太尾《ふとお》合戦に該当する。つまり、長政は、太尾合戦が対六角氏との戦いで重要な戦いになるのをみこし、垣見氏の家臣であることを承知の上で、赤尾新兵衛尉の軍団に加えて出陣させていたのである。

「戦いが終了したらもとの通り返します」といっているが、ここで注目されるのは、こうした軍事的緊張関係を一つの梃子《てこ》にして、もと同格であった国人領主たちの家臣団の再編成を長政が進めていたことである。

やや極端ないい方をすれば、長政が国人領主の独立性を否定する動きをとりはじめたといってよい。

なお、この長政のもとに、織田信長《おだのぶなが》の妹お市《いち》の方が嫁いできて「江濃一和《ごうのういっか》」とよばれるのは、この書状が出されて七年後のことである。

4

森長可自筆遺言状——娘の嫁ぎさき

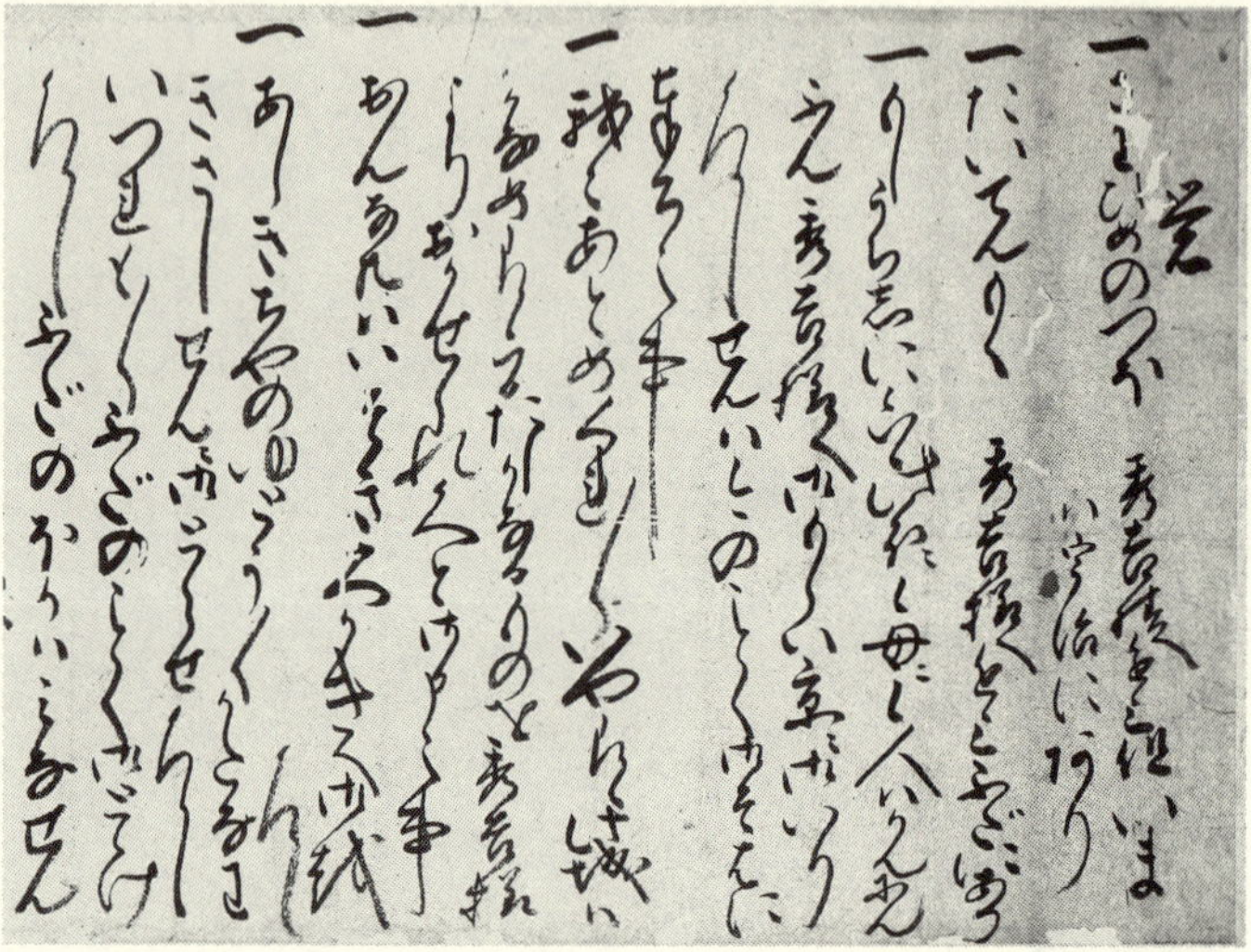

（名古屋市博物館蔵）

〔翻刻〕

覚

一さわひめのつほ　秀吉様へ進上但いま
ハ宇治にあり
一たいてんもく　秀吉様へ進上ふだにあり
一もしうちしに候は丶此分ニ候母ニ候人ハか
んにん
ふん秀吉様へ御もらい京ニ御いり
候へく候せんハ今のことく御そはに
奉公之事
一我々あとめくれ〱いやにて候此城ハ
かなめにて候間たしかなるものを秀吉様
よりおかせられ候へと御申之事
一おんな共ハいそき大かきへ御越候へく候
一あしきちやのゆとうくかたなわ
きさしせんニ御とらせ候へく候

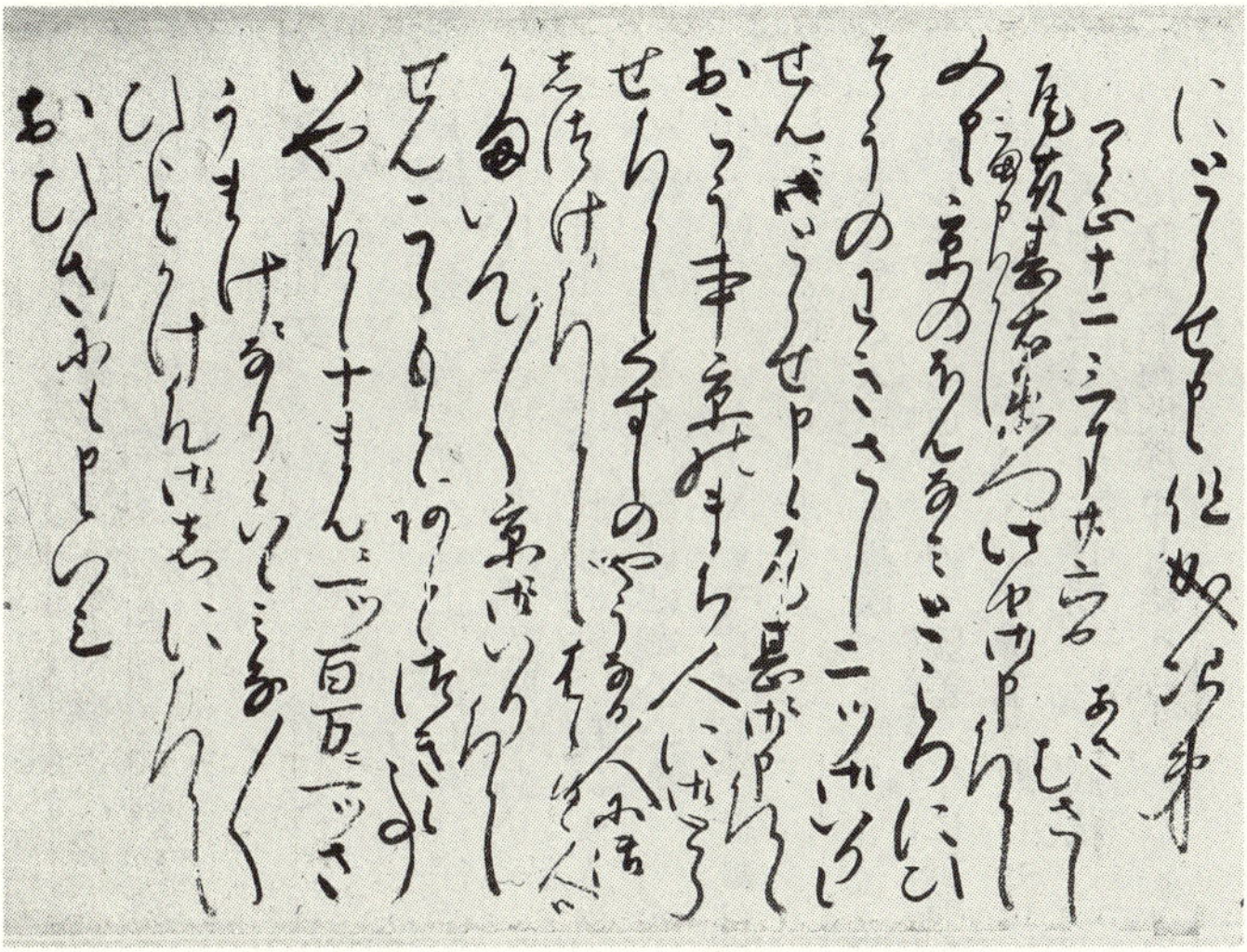

いつれも〱ふだのことく御とゝけ
候へく候ふだのほかハみなせん
にとらせ申候但成次第
天正十二三月廿六日　　あさむさし
尾藤甚右衛門　　此由御申候へく候
さま申給へ
又申候京のほんなミところにひ
そうのわきさし二つ御いり候
せんニとらせ申候尾甚ニ御申候へく候
おこう事京のまち人に御とら
せ候へく候くすしのやうなる人に御
しつけ候へく候はゝに候人ハ
かまいて〱京ニ御いり候へく候
せんこゝもとあとつき候事
いやにて候十まんニ一ッ百万ニ一ッさ
うまけニなり候ハヽミなく〱

ひをかけ候て御しに候へく候
おひさにも申候以上

〔漢字交り文〕

覚

一沢姫の壺《つぼ》、秀吉《ひでよし》様へ進上。但し今は宇治にあり。

一台天目《だいてんもく》、秀吉様へ進上。仏陀《ふだ》にあり。

一もし討死候はば、此分《このぶん》に候。母に候人は、堪忍《かんにん》分秀吉様へ御もらい、京に御入り候べく候。千《せん》は今のごとく、御側《おそば》に奉公の事。

一我々跡目、くれぐいやにて候。此城は要《かなめ》にて候間、たしかなる者を秀吉様より置かせられ候へと御申しの事。

一女共は急ぎ大垣《おおがき》へ御越候べく候。

一悪しき茶の湯道具・刀・脇差《わきざし》、千に御取らせ候べく候。いづれもく仏陀のごとく御届け候べく候。仏陀のほかは皆千に取らせ申し候。但し成次第此由御申し候べく候。

天正《てんしょう》十二三月廿六日朝　武蔵《むさし》

尾藤甚右衛門《びとうじんえもん》様申し給へ

又申し候。京の本阿弥所に秘蔵の脇差二つ御入り候。千にとらせ申し候。尾甚に御申し候べく候。おこう事、京の町人に御とらせ候べく候。薬師《くすし》の様なる人に御しつけ候べく候。母に候人は、構いて〳〵京に御入り候べく候。千爰元後嗣《ここもとあとつぎ》候事いやにて候。十万に一つ、百万に一つ総負けになり候はば、皆々火をかけ候て御死に候べく候。おひさにも申し候。以上。

〔現代語訳〕

覚

一、沢姫の壺は秀吉様に進上して下さい。但し、今は宇治にあります。
一、台天目の茶碗《ちゃわん》も秀吉様へ進上して下さい。これは仏陀寺《ぶつだじ》にあります。
一、もし私が討死したら、そのようにして下さい。母親については、生活できるだけの堪忍分を秀吉様からもらい、京で生活するようにして下さい。弟の千丸はいままで通り、秀吉様の側で奉公させて下さい。
一、私の跡目をつがせるのはくれぐれもいやでございます。この兼山《かねやま》城は要衝なので、たしかな、しかるべき部将を秀吉様から指名して入れてもらうようにして下さい。
一、女の人たちは急ぎ大垣城に入るようにして下さい。
一、あまり良品ではない茶の湯の道具や刀・脇差の類《たぐい》は千丸が受け取るようにお願いします。

すべて仏陀寺に置いてあるもののように秀吉様に届けて下さい。仏陀寺にあるものの他は千丸に引き取らせて下さい。但し、できるものだけで結構です。

天正十二年三月二十六日朝　　武蔵

尾藤甚右衛門様へ

又、いい残したことがあります。京の本阿弥のところに預けてある私が秘蔵していた脇差二つは千丸に与えて下さい。尾藤甚右衛門に伝えたいことがあります。おこうの事です。彼女は京の町人のところに嫁がせるようお願いします。薬師のような人に嫁がせるのがいいと思います。母は必ずや京に入るよう算段して下さい。千丸に私の跡を嗣《つ》がせるのはいやでございます。十万に一つ、いや百万に一つ、もし我々が総負けとなったならば、皆火をかけ、死ななければなりません。このことはおひさにも申し伝えました。以上です。

小牧・長久手の戦い

戦国武将の心情が吐露された、しかも臨場感あふれる遺書として知られている。遺書を書いたのは織田信長の家臣で、信長死後秀吉についた森長可《もりながよし》である。文書で「武蔵」と署名しているのは、受領名《ずりようめい》を武蔵守《むさしのかみ》といったからで、この文書は長可の自筆と考えられている。

遺書の内容に入る前に、長可の簡単な履歴と、遺書を書くに至ったいきさつについてふれておきたい。

長可は、信長の家臣だった森可成《よしなり》の子で、可成が元亀《げんき》元年（一五七〇）九月二十日、近江宇佐山《うさやま》城の戦いで浅井・朝倉《あさくら》軍の攻撃を受けて討死してしまったあと、十三歳で家督をつぎ、美濃《みの》兼（金）山城主として、その後の信長による「天下布武」の戦いのかなりに従軍している。本能寺《ほんのうじ》の変の直前、天正十年（一五八二）には、信濃海津城の城主となり、信長による信濃支配の一翼を担うはずであった。

ところが、六月二日の本能寺の変で信長が討たれたあと、信濃でも武田遺臣一揆が蜂起《ほうき》し、信濃を守ることが難しいとみて美濃兼山に撤退している。ちなみに、この本能寺の変で、長可は、蘭丸《らんまる》・坊丸《ぼうまる》・力丸《りきまる》の三人の弟を失っている。この遺書にみえる「千」、すなわち末弟の千丸だけがまだ幼かったので奉公に上がっておらず、命を長らえている。

さて、本能寺の変の後の清洲《きよす》会議の結果、美濃は信長の三男信孝《のぶたか》に与えられることになり、美濃兼山城主だった長可は信孝の麾下に属した。しかし、その後、信孝と秀吉が対立した段階で長可は秀吉方につき、天正十一年（一五八三）の賤《しず》ヶ岳《たけ》の戦いのときも、秀吉陣営の一員として、岐阜《ぎふ》城攻囲にあたっている。

翌十二年の小牧《こまき》・長久手《ながくて》の戦いのときもそのまま秀吉陣営に属し、織田信雄《のぶかつ》・徳川家康《とくがわいえやす》連合軍に敵対する形となった。この遺書は、まさにその小牧・長久手の戦いのときに書かれた

もので、長可はこの戦いで討死したため、本当の遺書になってしまったのである。

秀吉と信雄・家康連合軍の具体的な戦闘がはじまったのは三月十三日であった。この日、池田恒興《いけだつねおき》と森長可の軍勢が信雄方の城だった犬山《いぬやま》城を攻め落としている。恒興の娘が長可に嫁いでおり、長可は舅《しゅうと》の恒興と犬山城攻めを行ったわけである。

ついで三月十七日、長可は犬山城の南、羽黒砦《はぐろとりで》のさらに南の八幡林《はちまんばやし》に進んで布陣している。しかし、犬山城から離れすぎていたということもあり、家康方の恰好《かっこう》の攻撃目標にされてしまった。「鬼武蔵」の異名をとり、まわりからも期待され、血気にはやるところもあったのであろう。このとき二十七歳という若さの長可の抜けがけともいえる行動で、家康方の部将、酒井忠次《さかいただつぐ》・榊原康政《さかきばらやすまさ》らの攻撃を受け、三千の全軍総崩れとなって敗走する事態となってしまったのである。このとき三千の軍勢の一割にあたる三百を失ったというので、長可軍の完敗であった。これを「羽黒の陣」とよんでいる。

この敗報が大坂城に伝えられると、それまで大坂城にいた秀吉も出馬を決意し、三月二十一日、三万余の大軍を率いて大坂城から出陣し、二十七日、犬山城に入った。秀吉軍の総勢は八万ほどにふくれあがっている。それに対し、信雄・家康連合軍側は三万といわれているが、実際は一万六、七千人ではなかったかと思われる。

この遺書が書かれた「三月廿六日朝」というのは、そうした緊迫した、まさに一触即発の状況のもとにおいてであった。長可としては、「羽黒の陣」の自分の失敗で、秀吉自ら出馬する事態を招いてしまったとの思いがあり、なんとか名誉挽回《めいよばんかい》の戦いをしかけたいとの気持ちが強く出ていて、死を覚悟した長可の心情が伝わってくる文章である。

長可がこの遺書を書いた二日後の二十八日、秀吉は家康が本陣とした小牧山から二十町

（約二・二キロメートル）ほどへだたった楽田に布陣し、両軍にらみあいの形となった。両軍膠着状態のまま四月に入ったが、次第に焦りの色をみせはじめたのは秀吉側であった。敵の三倍以上の兵を擁しながら手出しができないという思い、それに「羽黒の陣」で面目を失った形の森長可は汚名返上の戦いをしかけたいと考えた。

その思いは、長可の岳父にあたる池田恒興も同じだった。恒興から秀吉に、「家康を小牧山に釘《くぎ》づけしている間に別働隊が三河を攻め、家康の本領を攪乱《かくらん》すれば勝てる」と進言しているのである。秀吉は、はじめこの案には賛成ではなかったが、甥の秀次《ひでつぐ》までもが「自分がその大将になりたい」と志願したため、ついにそれを許可しているのである。

というのは、この時点では、恒興は秀吉のはっきりした家臣ではなかったからである。恒興が家康方に走る可能性もあり、恒興を自分の陣営につなぎとめておくためには無謀な作戦と思いつつも、秀吉は恒興に遠慮して、多少の譲歩も必要と考えていたという事情があった。

こうして四月七日、羽柴《はしば》秀次を大将とし、池田恒興・同元助《もとすけ》・森長可・堀秀政《ほりひでまさ》らは一万六千の軍勢でひそかに南下し、三河へ向かった。ところが、この別働隊の動きは家康側に読まれており、家康はまず榊原康政・大須賀康高《おおすがやすたか》らに四千五百の兵をつけて先発させ、八日の夜半には家康自身もひそかに小牧山を出て、翌九日午前八時ごろ、先まわりをしていた榊原康政らの軍勢とで秀次軍を挟み撃ちしたのである。

家康軍と先まわりをしていた榊原康政らの動きを全くつかんでいなかった秀次軍は予期していなかった待ち伏せを受ける形で総崩れとなり、恒興・元助父子と長可はそこで討死し、大将秀次は命からがら逃げ帰る結果となった。つまり、三月二十六日朝に書いた長可の遺書は本当の遺書になってしまったのである。

武士の真情

そこで、いよいよ遺書の中身に入るが、冒頭、妻や子、母親などの親族の身の振り方でなく、茶道具のことが記されているのに奇異の念を抱いた人がいるかもしれない。しかし、これが当時の武将たちの一般的な観念だったのである。「一国一城の主」になれる恩賞よりも、名物茶器一つを欲しがった滝川一益《たきがわかずます》のエピソードが思いおこされる。

現在は宇治に預けられている沢姫の壺と仏陀寺に預けられている台天目、この二つの名物茶器は秀吉に差し上げてほしいといっている。この遺書の宛名の尾藤甚右衛門知宣《とものぶ》は当時、秀吉の近臣で、遺品のいくつかを秀吉に渡そうとしたわけである。

そのつぎに、母親と弟の身の振り方にふれている。母親については、秀吉から堪忍分（生活手当て）をもらい、京都で生活ができるようにしてほしいと依頼し、弟の千丸は、これまで通り秀吉の側で奉公が続けられるよう取りはからってほしいといっている。

注目されるのはつぎの四項目のところで、兼山城主の地位をそのまま弟の千丸につがせる意思のないことを伝えている部分である。ふつう、子どもとか兄弟がいれば、その地位をそのままつがせたいと考えるところであるが、これは、あとの部分、娘を武士には嫁がせたくないという箇所とともに、このときの長可の心情が籠《こ》もっているといえる。

元亀元年（一五七〇）の志賀《しが》の陣のとき、宇佐山城の戦いで父可成を失い、天正十年（一五八二）の本能寺の変で弟蘭丸・坊丸・力丸の三人を亡くした長可にしてみれば、「もう武士はこりごりだ」との思いがあったものと思われる。あるいは弟千丸がまだ幼いので、要衝である兼山城は別の人物に守ってもらった方がよいと判断したのかもしれない。

沢姫の壺・台天目以外の「あしきちやのゆとうく」と、刀や脇差は千丸に与えてほしいといっている。長可はここまで書いて尾藤知宣に渡そうとしたが、書き残したことのあるのに気がついた。それが「又申候」以下の十二行である。秘蔵の脇差を京都の本阿弥のところに預けていたことを思いだし、脇差二つについては、本阿弥のところから持ち出し、千丸のところにもどすべきことが命ぜられている。

追加の事項でなんといっても注目されるのは娘のおこうの嫁ぎ先を武士ではなく、京都の町人、もっといえば医師に嫁がせたいといっている部分である。身内を何人も戦いで死なせている長可としては、娘の将来を考え、武士以外の職業の男のもとに嫁がせるのが安全と考えたわけである。ただ、その後のおこうについては消息がつかめない。

なお、最後の箇所も、「いかにも戦国武将の遺言だ」と思わせる。「総負けになったならば、皆々、火をかけて死んでほしい」というのだからすさまじいことこの上ない。最後の「おひさ」については残念ながら不明である。

小牧・長久手の戦いでは、長可らの討死はあったが、総負けとはならなかったので、弟の千丸がこのあと家督をつぎ、忠政《ただまさ》と名乗り、豊臣《とよとみ》大名、さらに徳川大名として生き残ることになる。

5 武田勝頼書状——長篠をめぐる攻防

武田勝頼肖像（和歌山県伊都郡高野町・高野山持明院蔵）

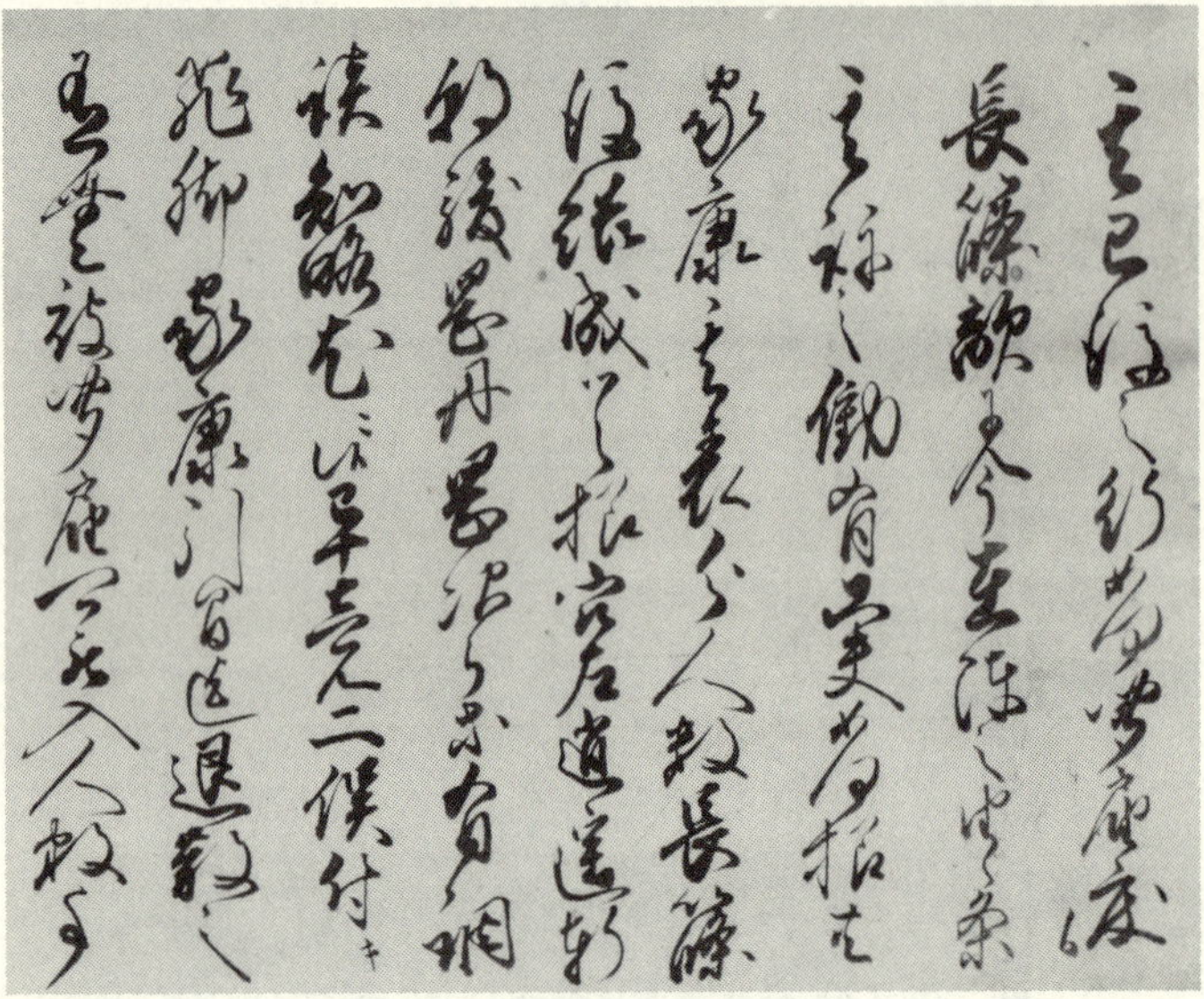

（大阪城天守閣蔵）

〔翻刻〕

其已後之行如何聞届度候
長篠敵于今在陣之由候条
其許之働有工夫如何様共
家康其表分人数長篠
後詰成候様穴左逍遙軒
朝駿岡丹岡次郎等有調
談知略尤ニ候畢竟二俣付キ
飛脚家康引間迄退散之
有無被聞届可被入人数事

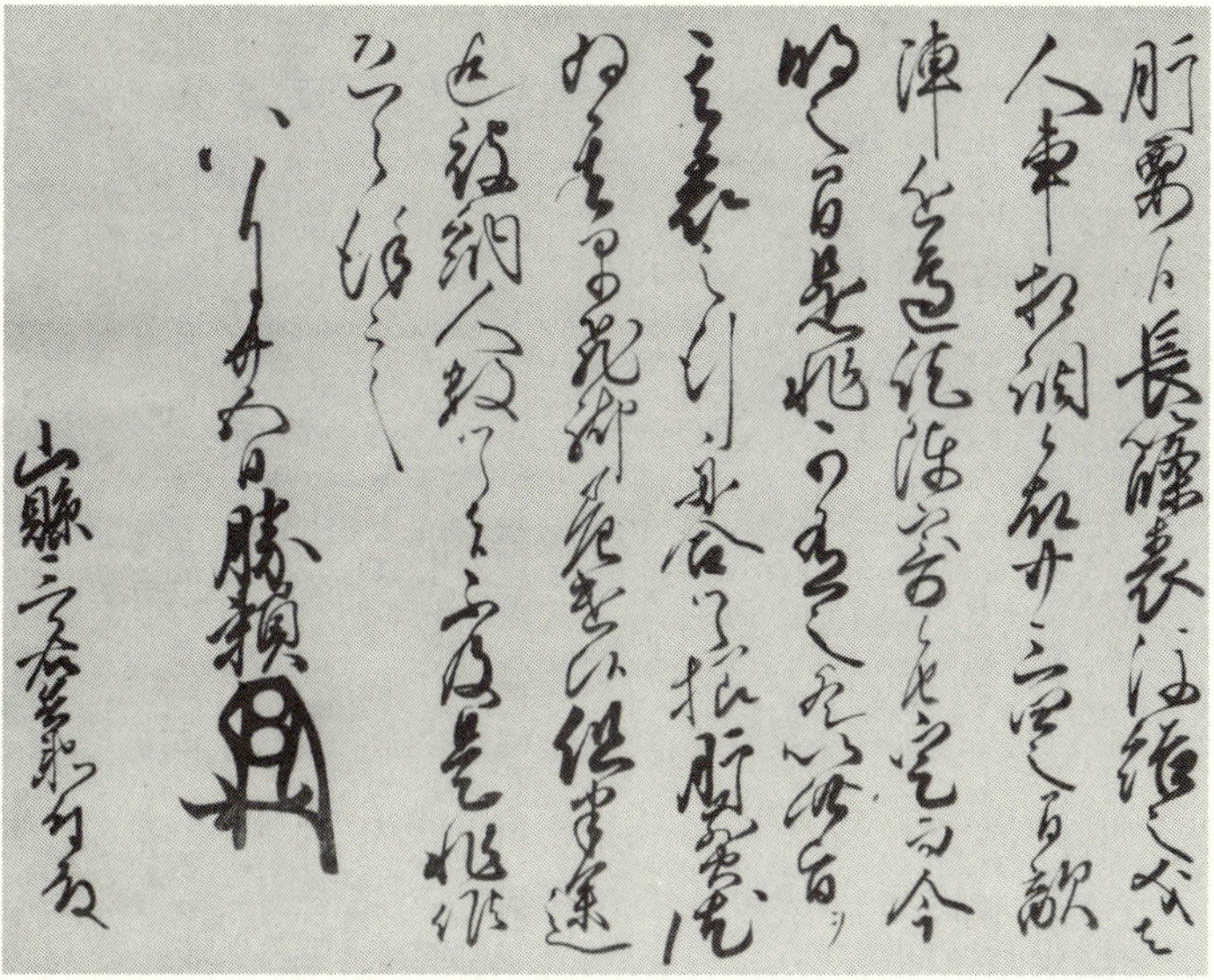

肝要候長篠表後詰之義者
人車相調候故廿三四之間敵
陣近辺訖（迄）陣寄候由定而今
明之間是非可有歟以此旨ヲ
其表之行示合候様肝煎尤候
為其早飛脚差遣候但半途
迄被納人数候者不及是非候
恐々謹言
八月廿五日　勝頼（花押）
山縣三郎右兵衛尉殿

〔読み下し〕

それ已後《いご》の行《てだて》如何《いかが》、聞き届けたく候。長篠《ながしの》の敵、今に在陣の由に候条、そこ許《もと》の働《はたら》き工夫有り、如何様共《いかようとも》、家康その表分人数、長篠後詰《ごづめ》成り候様、穴左・逍遥軒《しょうようけん》・朝駿・岡丹・岡次郎等と調談有り、知略尤《もっとも》に候。畢竟二俣《ひっきようふたまた》付き飛脚、家康引間《ひくま》迄退散の有無聞き届けられ、人数を入れらるべき事肝要に候。長篠表後詰の義《(儀)》は、人車相調《ととの》ひ候故、廿三、四の間、敵陣近辺迄陣寄《じんよせ》候由、定めて今明の間是非有るべき歟《か》。この旨を以《もっ》てその表の行示し合はせ候様肝《きも》煎《いり》尤に候。そのため早飛脚差し遣はし候。但し、半途迄人数を納められ候はば、是非に及ばず候。恐々謹言

八月廿五日　勝頼《かつより》（花押）

山県三郎右兵衛尉《やまがたさぶろうひょうえのじょう》殿

〔現代語訳〕

それ以後の行《てだて》、すなわち軍事行動について聞き届けたく思います。長篠の敵が今に至るまで在陣しているということで、そこもとの働きに工夫をこらし、いかなる手を使っても、家康のその表に出ている人数に対して長篠城の後詰がなるよう、穴山左衛門大夫信君《あなやまさえもんだゆうのぶきみ》・武田逍遥軒信廉《のぶかど》・朝比奈駿河守信置《あさひなするがのかみのぶおき》・岡部丹波守長教《おかべたんばのかみながのり》・岡部次郎右衛門尉正綱《まさつな》らと調儀談合して知

略をあらわすことが大事です。結局のところ、二俣付きの飛脚から、家康が引間迄退散したかどうかをたしかめ、人数を入れることが肝要です。長篠表に後詰の兵を出すことについては、人と車の手配が調い、二十三、四日の間には敵陣の近辺まで陣寄ができるということなので、多分、今日か明日中にはできると思います。このことを前提に、そちらの軍事行動をするよう努力して下さい。そのため早飛脚を遣わしました。途中まで人数を引いているのであればその限りではありません。

武田氏と三河

この武田勝頼書状は天正元年（一五七三）八月二十五日付である。周知のように、この年四月十二日、武田信玄が信濃の駒場《こまんば》（長野県下伊那郡阿智《あち》村駒場）で病死している。死に臨んで、「三年間喪を秘せ」と遺言したことが『甲陽軍鑑』にみえ、実際、三年後に勝頼が盛大な葬儀を営んでいるので、その遺言があったことはたしかである。ただ、近隣の大名たちは、武田軍の動きがおかしいことに気づき、前年、信玄に攻められ、三方原《みかたがはら》の戦いで大敗北を喫した徳川家康は失地回復に動きはじめている。

信玄死後、家督をついだのは信玄の四男勝頼である。もっとも、信玄の遺言では、武田家の跡目は勝頼の子信勝《のぶかつ》につがせ、信勝が十六歳になったら正式な家督とし、それまでは勝頼が「陣代」をつとめるという一項目もあり、正式な家督ではなかったことがうかがわれる。

信玄の長男義信《よしのぶ》は、信玄が今川氏真《うじざね》を攻めるといったとき、それに反対したため廃嫡され、その後、自刃させられており、二男龍宝《りゅうほう》は盲目、三男信之《のぶゆき》は早世しており、四男ながら勝頼に順番がまわってきたわけである。しかし、勝頼の母は諏訪《すわ》氏の娘で、勝頼は諏訪氏をつぐ男子として位置づけられていた。信玄が勝頼をわざわざ「陣代」とした理由はそのようなところにあったものと思われる。

ただ、「陣代」とはいえ、信勝はまだ幼いので、必然的に勝頼が武田軍の指揮をとることになる。

家康が動きはじめたのは早く、天正元年五月の段階で、武田領の駿河に軍事行動をおこし、信玄によって築かれた久能山《くのうざん》城を攻めたり、そのころ、三河における武田方の拠点となっていた長篠城近くを偵察するなど、本格的な攻勢というわけではないが、相手の反応をさぐるような行動をしている。これは、信玄が本当に死んだのかどうか、噂《うわさ》をたしかめるための行動と理解されている。家康はどうやら信玄の死を確信したらしい。

そのころの家康領国は三河と遠江《とおとうみ》であるが、三河では、長篠城・田峯《だみね》城と作手《つくで》の亀山《かめやま》城が武田方となっており、遠江でも犬居《いぬい》城と二俣城が武田方となっていた。それらはいずれも信玄によって攻め取られた城で、家康は信玄の死を確信し、その失地回復に動きはじめたわけ

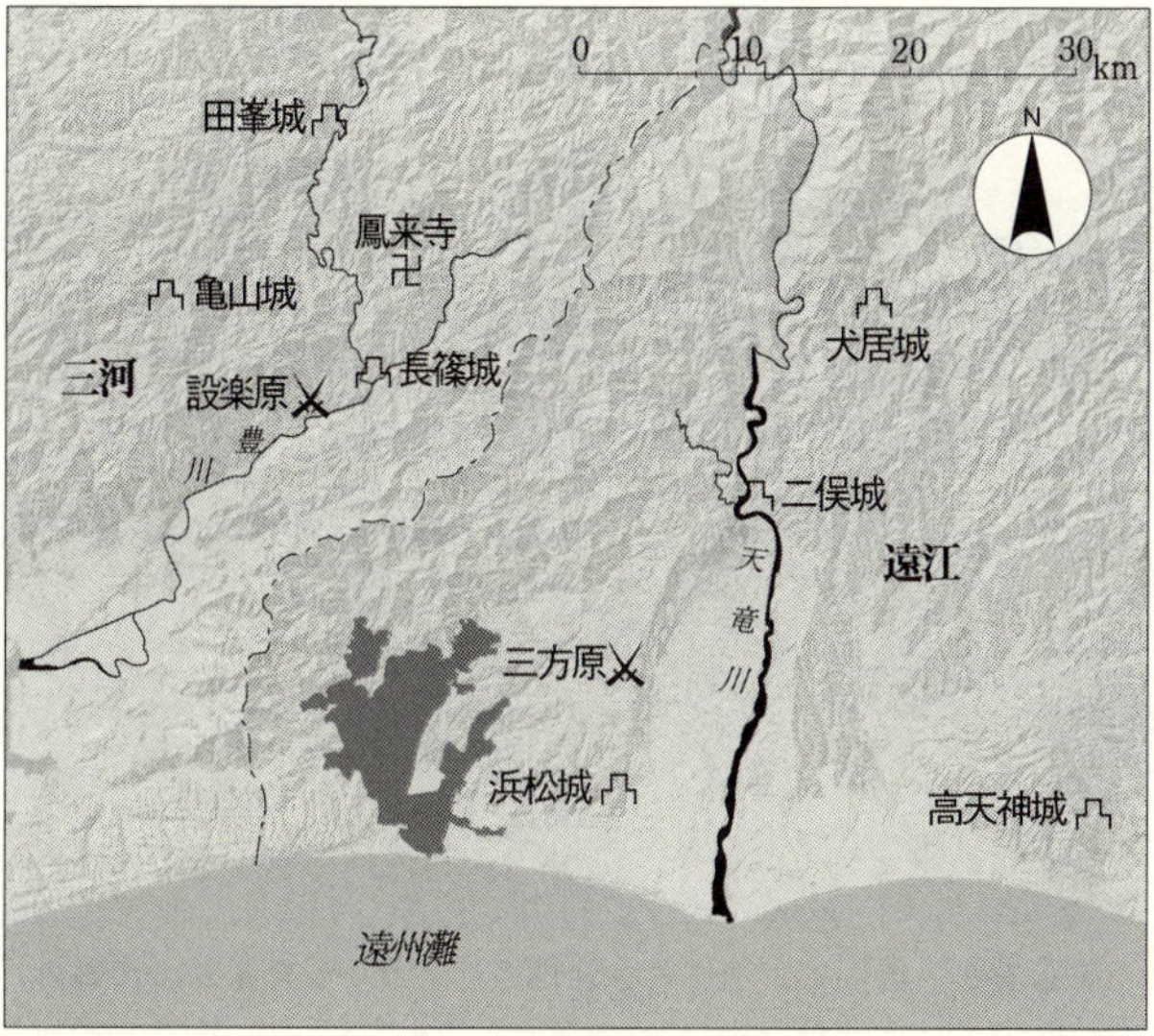

である。

長篠援軍

その年七月二十日、家康は自ら大軍を率いて浜松《はままつ》城を発し、東三河に駒《こま》を進めた。ねらいは長篠城の奪回であった。

東三河の北部は奥三河ともいわれるが、そこには「山家《やまが》三方衆《さんぽうしゅう》」とよばれる地域武士団がまとまりをみせ、武田氏に通じていた。長篠城・田峯城の菅沼《すがぬま》氏、作手亀山城の奥平《おくだいら》氏である。家康は武田方となったこの「山家三方衆」をつき崩すべく、要《かなめ》の城とされていた長篠城への攻撃に踏みきっている。このとき、城には菅沼正貞《まささだ》のほか、武田氏の部将室賀《むろが》信俊《のぶとし》・小笠原信嶺《のぶみね》ら信濃の武士が在番をしてい

長篠城跡　豊川と宇連川の合流地点にある（愛知県新城市長篠）

た。「長篠城が徳川軍によって攻められている」との情報が勝頼のもとに入ったとき、勝頼がその救援のために派遣した軍勢の大将山県昌景《まさかげ》に出したのがこの書状である。

八月二十五日というのは、まさに戦いとなっている最中で、「長篠後詰」とあるのがこのときの勝頼の作戦であった。後詰というのは後巻《うしろまき》ともいわれ、自軍の城が敵に包囲され、攻められているとき、味方の軍勢が援軍として、包囲している敵のさらにその外側から攻めるもので、城の中と外とで挟み撃ちにする戦法のこと。合戦史をひもとくと、その成功例は意外と多い。

この書状で勝頼は、穴山信君・武田信廉・朝比奈信置・岡部長教・岡部正綱らと相談するようにと指示しているが、穴山信君は信玄の娘を娶《めと》っている武田一族衆で、武田信廉は信玄の弟である。あとの三人は今川氏の旧臣で、信玄が永禄十一年（一五六八）に今川領に攻め込んだとき、今川氏真から信玄に寝返ってきた部将たちである。勝頼自身は出陣していない。

そして、武田の軍勢が長篠城の後詰に向かっているころ、家康の調略の手が「山家三方衆」にのびていた。長篠城の菅沼氏、田峯城の菅沼氏は武田方に忠節を誓っており、家康の誘いには乗ってこなかったが、作手の亀山城の奥平貞能《さだよし》・貞昌《さだまさ》（信昌《のぶまさ》と改名する）父子が家康からの誘いに乗り、両菅沼と袂《たもと》を分かち、家康に従属することを決意しているのである。

このとき、家康が奥平貞能・貞昌父子に出した起請文《きしょうもん》（約束を守ることを神に誓った文書）が『譜牒余録《ふちょうよろく》』に載っており、その八月二十日付の起請文には、

一、奥平貞昌と家康の娘を婚約させる。
一、奥平氏の本領と遠江の知行《ちぎょう》はそのまま安堵《あんど》する。
一、田峯菅沼氏の所領を新たに与える。
一、長篠菅沼氏の所領も新たに与える。
一、さらに新知行として三千貫文を与える。
一、三浦《みうら》氏の跡職《あとしき》も与える。

一、信長からの起請文もらってやる。信長には、信州の伊那郡を奥平氏に与えるよう
取りなす。

といった七項目が書かれていた。「山家三方衆」の一人にすぎない奥平氏に対しては破格といってよい内容の申し出である。家康としては、何が何でも「山家三方衆」の結束を崩し、長篠城を奪回しようとしたものであろう。

結局、奥平貞能・貞昌父子は熟慮の末、この家康からの申し出を受け入れ、勝頼から家康に寝返っているのである。しかし、この結果、奥平氏から武田方に差し出されていた人質三人が三河の鳳来寺《ほうらいじ》で磔《はりつけ》にかけられ殺されている。三人の一人は貞能の叔父にあたる奥平貞友《さだとも》の娘で、彼女は貞昌と婚約していたといわれている。

この書状には、「廿三四之間敵陣近辺訖《(迄)》陣寄候」と、二十三日か二十四日には敵陣近くまで後詰の軍勢が接近できる手はずだったと記されているが、実際にはそうはならず、特に作手の奥平貞能・貞昌の離叛《りはん》によって武田方の足並みは乱れ、長篠城は結局、九月八日開城となり、城兵たちは逃げ帰っている。

家康は松平景忠《まつだいらかげただ》を城番として残し、浜松城へもどっているが、さらにこのときの長篠城奪取の一番の功労者ともいうべき奥平貞昌も城番に加えられている。

このの ち、天正三年（一五七五）二月十八日、奥平貞昌は正式に長篠城主となり、対武田戦略上の徳川方の重要拠点をまかされるのである。

長篠・設楽原の戦い

ちなみに、武田勝頼であるが、長篠城を奪回されたあと、翌天正二年（一五七四）五月三日、二万五千の大軍を率いて甲斐《かい》の躑躅《つつじ》ヶ崎《さき》館を出発し、遠江に攻め込んでいる。そして五月十二日から高天神《たかてんじん》城の包囲をはじめ、家康の家臣小笠原与八郎氏助《おがさわらよはちろううじすけ》を攻め、ついに六月十七日に高天神城を落としている。

実はこの高天神城は、元亀二年（一五七一）三月、一度、信玄が攻めながら落とせなかったといういきさつがあった。勝頼にしてみれば、「父が落とせなかった城を自分は落とすことができた」との思いだったのではないかと考えられる。重臣たちから父信玄と常に比較され、肩身の狭い思いをさせられていた勝頼にしてみれば、重臣たちの鼻をあかしたという思いだったのであろう。この自信が、天正三年（一五七五）五月の長篠・設楽原《したらがはら》の戦いへと連動していくのである。

この書状にあらわれた天正元年八月から九月の長篠城の戦いで、再び徳川方となってしまった長篠城の奪回に勝頼が動き、今度は、徳川方として長篠城を守る奥平貞昌らが、武田軍に包囲され、その後詰として救援に出てきたのが織田信長であった。信長・家康連合軍側はこのとき鉄砲三千挺《ちょう》を用意し、馬防柵《ばぼうさく》を設けて武田騎馬隊の突進を阻止し、設楽原で武田軍を打ち破っているのである。この長篠・設楽原の戦いで、山県昌景・馬場《ばば》信房《のぶふさ》ら錚々《そうそう》たるメンバーが討死し、以後、武田氏は衰退に向かうのである。

6 石田三成判物——三成と左近

石田三成肖像（滋賀県長浜市・長浜城歴史博物館蔵）

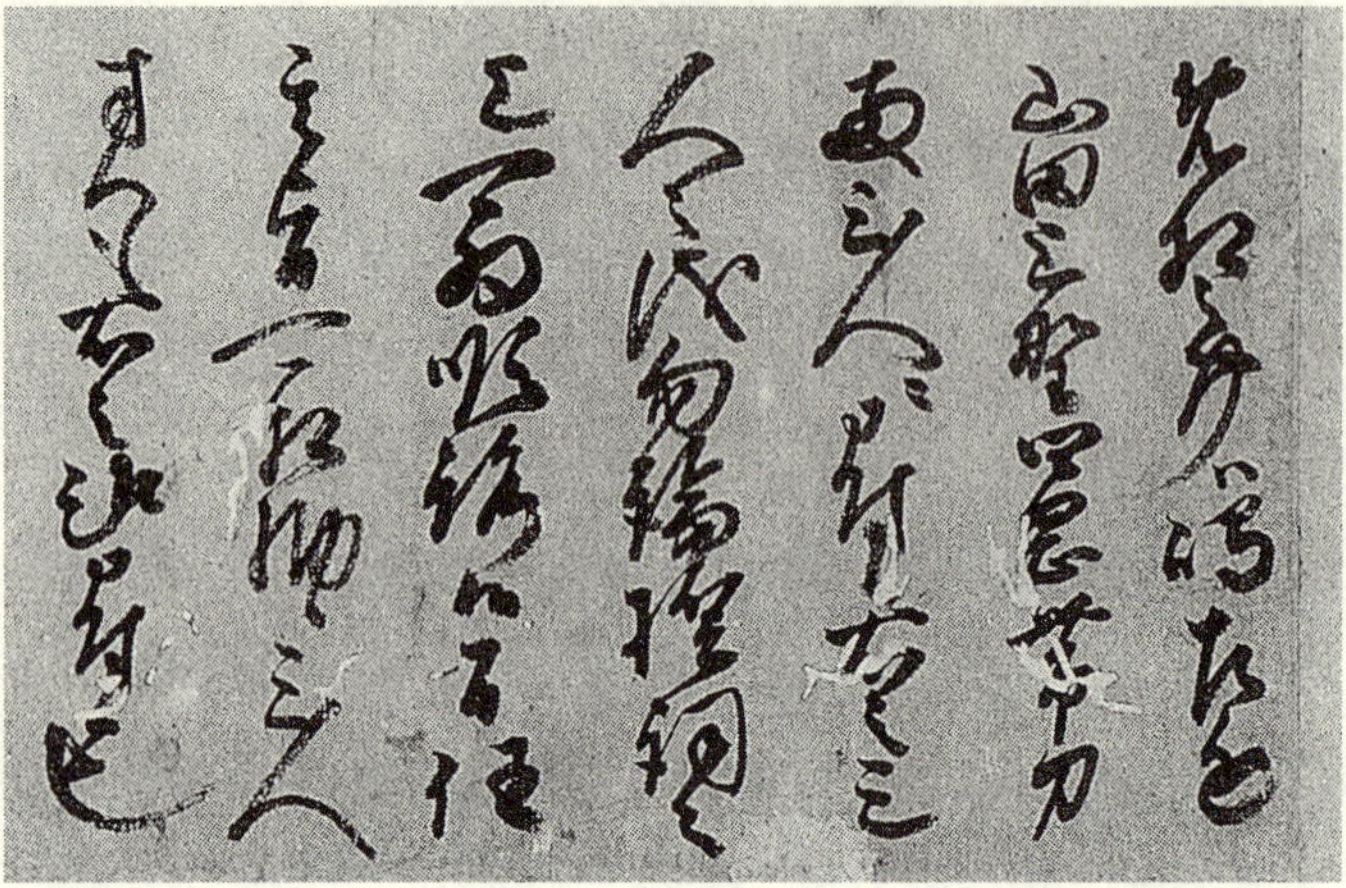

（滋賀県長浜市・長浜城歴史博物館蔵）

〔翻刻〕

免相之弁ハ嶋左近
山田上野四岡帯刀
両三人ニ申付候右之三
人之儀勿論誓詞之
上可為順路候間任
其旨可相納候三人
方へも右之趣申付候也
八月廿三日　三成（花押）
　今井清右衛門尉殿

〔読み下し〕

免相《めんあい》の弁《わきま》へは、嶋左近《しまさこん》・山田上野《やまだこうずけ》・四岡帯刀両三人に申し付け候。右の三人の儀勿論《もちろん》誓詞の上、順路たるべく候間、その旨に任せ、相納むべく候。三人の方へも右の趣申し付け候也。

八月廿三日　三成《みつなり》（花押）
今井《いまい》清右衛門尉殿

〔現代語訳〕

年貢率については、島左近・山田上野と四岡帯刀の三人に申し付けました。この三人は勿論誓詞を提出し、「決められた通りに致します」といってきているので、そのように納入するようにして下さい。三人にもその旨を伝えてあります。

三成の支配

現在残る数少ない石田三成文書の一通として、また、島左近の名前が初めて文書の上で確認されたものとして貴重である。これまで、「治部少《じぶしょう》（三成）に過ぎたるものが二つあり、島の左近と佐和山《さわやま》の城」などとうたわれ、また、慶長《けいちょう》五年

(一六〇〇)九月十五日の関ヶ原《せきがはら》の戦いにおける武勇伝が語られ、著名な部将でありながらその実像がつかめていなかった島左近を追いかける上で不可欠な文書といえる。

冒頭の「免相之弁」の免相は免合とも書かれ、「弁」は弁償などというときの「弁」で、「免相之弁」は年貢納入のときの年貢率のことをいう。つまり、五公五民とか四公六民というような形で、収穫物の何割を年貢として上納するかの率のことをいっている。その年貢率を、三成は、島左近・山田上野・四岡帯刀の三人に申し付けておいたというのがこの判物《はんもつ》(花押を据《す》えた直状《じきじょう》形式の文書)の趣旨である。

注目されるのは、この三人が誓詞を三成に提出し、「不正はしません」と誓っていたという点である。三成はそのことを今井清右衛門尉に伝え、年貢納入を促している。

宛名の今井清右衛門尉については、名前がこの文書にしか出てこないのでくわしいことはわからないが、この文書を伝来してきた今井家が旧伊香郡高月町《たかつき》(長浜市《ながはま》)の旧家であることから考えると、伊香郡における石田三成直轄地の代官をつとめていた人物ではないかと思われる。

左近との出会いはいつか

では、この文書はいつのものなのだろうか。三成と島左近とのかかわりを手がかりに年代推定を行うことにしよう。

島左近は名乗りを清興《きよおき》とか勝猛《かったけ》といったとされるが、通称の左近が有名で、大和の戦国大名筒井順慶《つついじゅんけい》の重臣の一人だった。松倉右近《まつくらうこん》という名の重臣と並び称され、「右近左近」といわれていたという。ところが、その主君筒井順慶が天正十二年（一五八四）八月に没し、あとを養子の定次《さだつぐ》がついだが、定次とは折あいが悪く、結局、筒井家を出奔してしまい浪人の身となった。新しく若い当主と、旧主の重臣との摩擦というよくあるパターンである。

浪人しても、戦国時代は再就職が可能だった。各戦国大名も能力ある人材を確保しようとしていたからである。ところが、島左近にはなかなかいい再就職の話がなかった。それは、筒井順慶の重臣だったという経歴が足かせになっていたからであると思われる。順慶の家臣のとき、島左近が何万石もらっていたかはわからないが、二万石や三万石はもらっていたはずである。それと同額を出せる大名はそんなにいなかった。そのような状態のところに声をかけたのが三成だったのである。

三成は、なんと、自分の禄高《ろくだか》の半分を島左近に与えて召し抱えたという。広く人口に膾炙《かいしゃ》しているエピソードなので、ご存知の方も多いと思われるが、湯浅常山《ゆあさじょうざん》の著わした『常山紀談《じょうざんきだん》』がポイントをつき、簡潔な書き方をしているので、原文のまま紹介し、そのいきさつをふりかえってみたい。

石田治部少輔《じぶのしょう》三成は、近江国石田村の百姓佐五右衛門といふ者の子にして、いとけなかりし時、佐吉《さきち》といひしが、家貧しく近き辺の寺にやりて在りけり。或時《あるとき》秀吉彼《か》の寺に行き、佐吉が明敏なる故、呼出して側に仕《かたえ》へしが、頻《しき》りに禄を増し、水口《みなくち》四万石与へられける。後三成に人数多《あまた》招きたらんと問はれしに、島左近一人呼出し候と申す。秀吉それは世に聞ゆる者なり、汝《なんじ》が許《もと》に小禄にていかで奉公すべきといはれしかば、三成、禄の半分を分ち、二万石与へ候と答ふ。秀吉聞きて、君臣の禄相同じといふ事むかしより聞きも伝へず。いかさまにも其の志ならではよも汝には仕へじ。ゆゝしくも計《はか》ひたるかなと深く感ぜられ、島を呼出《よびいだ》して手づから羽織を与へて、是より三成に能《よ》く心を合せよといはれけり。三成佐和山を賜りたる時、島に禄増《まし》与ふべきよしいひけれども、禄更に不足にも候はず、他の人々に賜はり候へと辞しけり。左近が父もと室町《むろまち》将軍家に仕へ、江州高宮《たかみや》の傍《かたわら》にかひなきさまにて隠れ居たりしを、三成招き出しけり。

これまで、通説では、三成が近江の水口城主となったのを天正十一年（一五八三）ないし同十三年としてきたので、同十二年に筒井家を出奔した島左近を三成が召し抱えたとすることに疑問がはさまれることがなかったわけであるが、天正十一年にはまだ三成は四万石も与

佐和山城跡（滋賀県彦根市）

えられてはいないこと、また、同十三年には水口城は中村一氏《なかむらかずうじ》に与えられていることから、水口城主時代という『常山紀談』などの説は間違いであると考えられるようになってきた。

　ただ、『多聞院《たもんいん》日記』の文禄《ぶんろく》元年（一五九二）四月十日条に、「十日、一門へ因大終了。北庵法印之息女島ノ左近之内方、今江州サホ山ノ城ニアリ」とみえ、この「サホ山ノ城」は佐和山城のことなので、島左近夫人がこの時点では佐和山城に入っていたことは確実である。当然、島左近は三成の家臣となっていたことになる。

　三成の居城・石高が紹介されるとき、「近江佐和山城十九万四千石」とされるが、天正十八年（一五九〇）の佐和山城入城の時点ではまだ十九万四千石は与えられていない。文禄四年（一五九五）の豊臣秀次事件による近江の知行の再配分が行われたとき、十九万四千石という石高が確定し、そのとき、北近江四郡、すなわち、伊香・浅井・坂田・犬上《いぬかみ》の四郡がはじめて三成の所領となったわけである。

ということは、この文書の宛名今井清右衛門尉が伊香郡の代官と推定されるので、発給年次は文禄四年以降になる。なお、下限は、三成が慶長五年七月に挙兵し、十月一日、京都の六条河原《ろくじょうがわら》で処刑されており、島左近は九月十五日の関ヶ原の戦いのとき討死したとされているので、慶長四年である。

つまり、この文書は、文禄四年から慶長四年までの間に出されたものであることが明らかとなった。

「石田三成村掟条々」

三成は「五奉行一の実力者」などといわれ、どうしても冷酷な吏僚《りりょう》といったイメージが定着してしまっている。しかし、この文書からもうかがわれるように、領内の支配において、上から強圧的なやり方ではなく、島左近たちから「不正はしません」という起請文をとり、それを代官に示しており、村人たちのことを考えた扱いをしていたのである。それは、三成が慶長元年（一五九六）三月一日付で村々に出した「石田三成村掟《むらおきて》条々」によってもうかがわれる。

この「石田三成村掟条々」は十三ヵ条の掟と九ヵ条の掟があり、十三ヵ条の掟は三成の直轄地の村々宛、九ヵ条の掟は家臣の知行地の村々宛となっている。十三ヵ条掟の第十一条目には、

一、何事によらず、百姓めいわく《（迷惑）》の儀あらは、そうしやなしに《（奏者無）》めやす《（目安）》を以《もって》、にはそせう《（庭訴訟）》可仕候《つかまつるべくそうろう》。如此《かくのごとく》申とて、すち《（筋）》なき事申上候はゝ、きうめい《（糾明）》の上、けつく《（結句）》、其身くせ《（曲）》事たるへく候間、下にてよくせんさく《（穿鑿）》候て、申し上ぐべく候事。

とあり、奏者《そうしゃ》という取次役を経ないで直訴ができるシステムを定めている。代官の恣《し》意《い》的な支配を排除しようとしていたことがうかがわれる。

三成は関ヶ原の戦いにおける敗者であったため、勝者徳川家康の立場で歴史が書かれてきたこともあって、従来の三成についてのイメージは悪く語り伝えられることが多かったように思われる。よくいわれるのが、「なんで負けるとわかっていた戦いに突っこんでいったのだ。三成が豊臣家を滅ぼしてしまったようなものではないか」というものであるが、関ヶ原の戦いは、西軍、東軍、どちらが勝ってもおかしくない状況であった。

松尾山《まつおやま》の小早川秀秋《こばやかわひであき》が寝返らなければ、また、南宮山《なんぐうざん》の毛利秀元《もうりひでもと》・吉川広家《きっかわひろいえ》が三成の指示通り動いていれば西軍は勝ったはずだし、松尾山・南宮山は別としても、大坂城の毛利輝元《てるもと》が関ヶ原に出てきていれば西軍は勝てたのである。結果はたしかに西軍の完敗で終わっているが、三成の豊臣家に対する忠義は本物であったと思われる。

なお、この文書に名前のみえる山田上野・四岡帯刀の二人であるが、四岡帯刀についてはわからない。山田上野についてはある程度のことがわかっている。

山田上野は山田上野介《こうずけのすけ》のことで、三成の家臣である。名乗りは伝わっていない。関ヶ原の戦いのときには留守部隊として佐和山城に残り、九月十七日、十八日の徳川軍による佐和山城攻めのときには籠城《ろうじょう》している。

その戦いの模様が、山田上野介の孫にあたる山田喜庵《きあん》が著わした「佐和山落城記」(安藤英男編『石田三成のすべて』所収)に描かれている。山田上野介の子隼人《はやと》も佐和山城に籠城して戦っていたが、落城のとき城を落ち、その後、大坂城に入って豊臣家に仕え、元和《げんな》元年(一六一五)五月八日、木村長門守重成《きむらながとのかみしげなり》の配下として若江《わかえ》の戦いで討死したことが「佐和山落城記」に書かれている。

7　前田利家書状——政宗の首はつながった

前田利家肖像

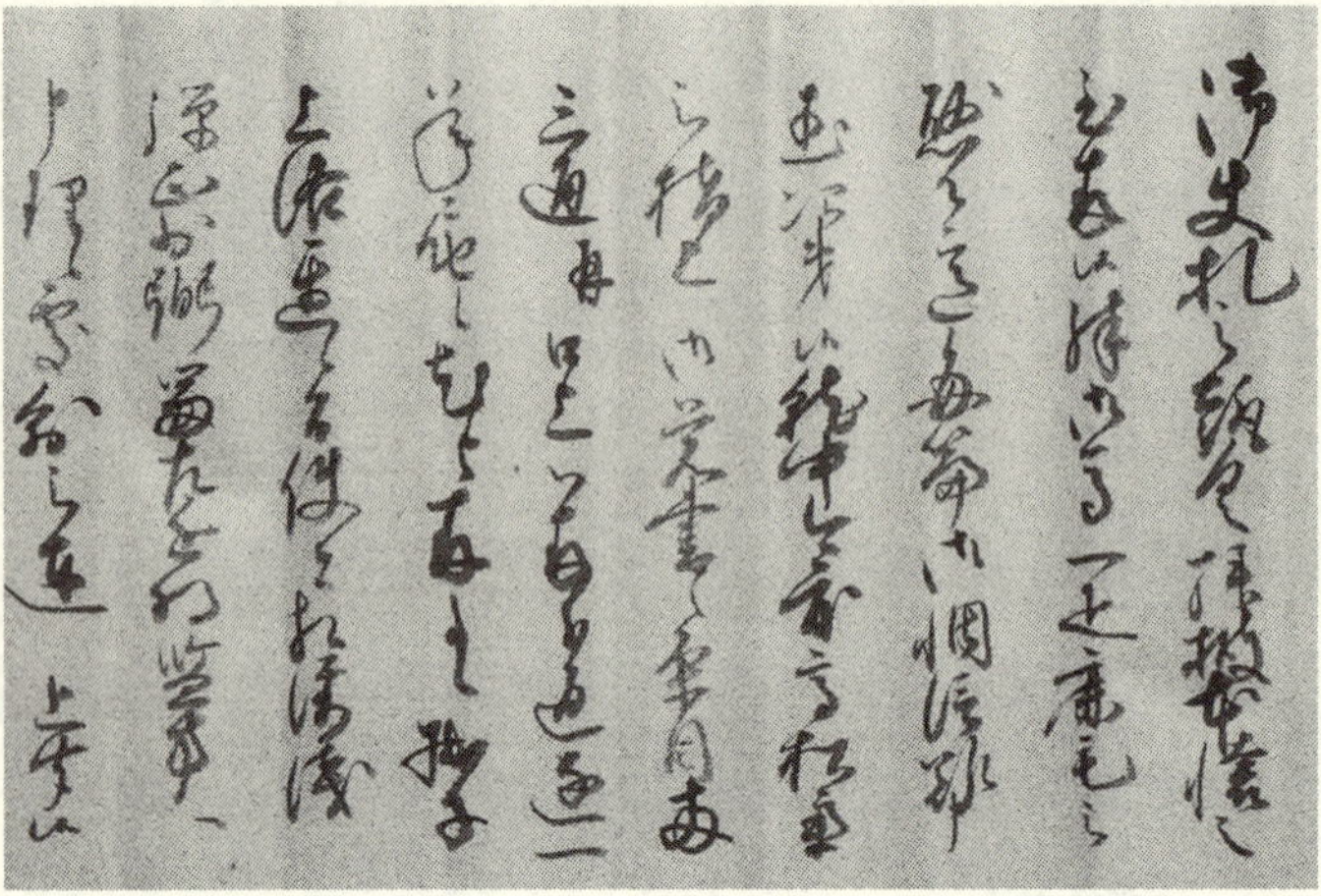

（仙台市博物館蔵）

〔翻刻〕

御使札之趣具拝披本懐之
至存候殊御馬一疋鹿毛被
懸御意毎篇御悃信難申
盡次第候就中今度高松斎
被指上御覚書之条目両
三通并口上御存分通逐一
承届候尤与存事候拙子
上洛遅候間使者相添浅
弾正少弼富左近将監方へ
申理候處則被達上聞候

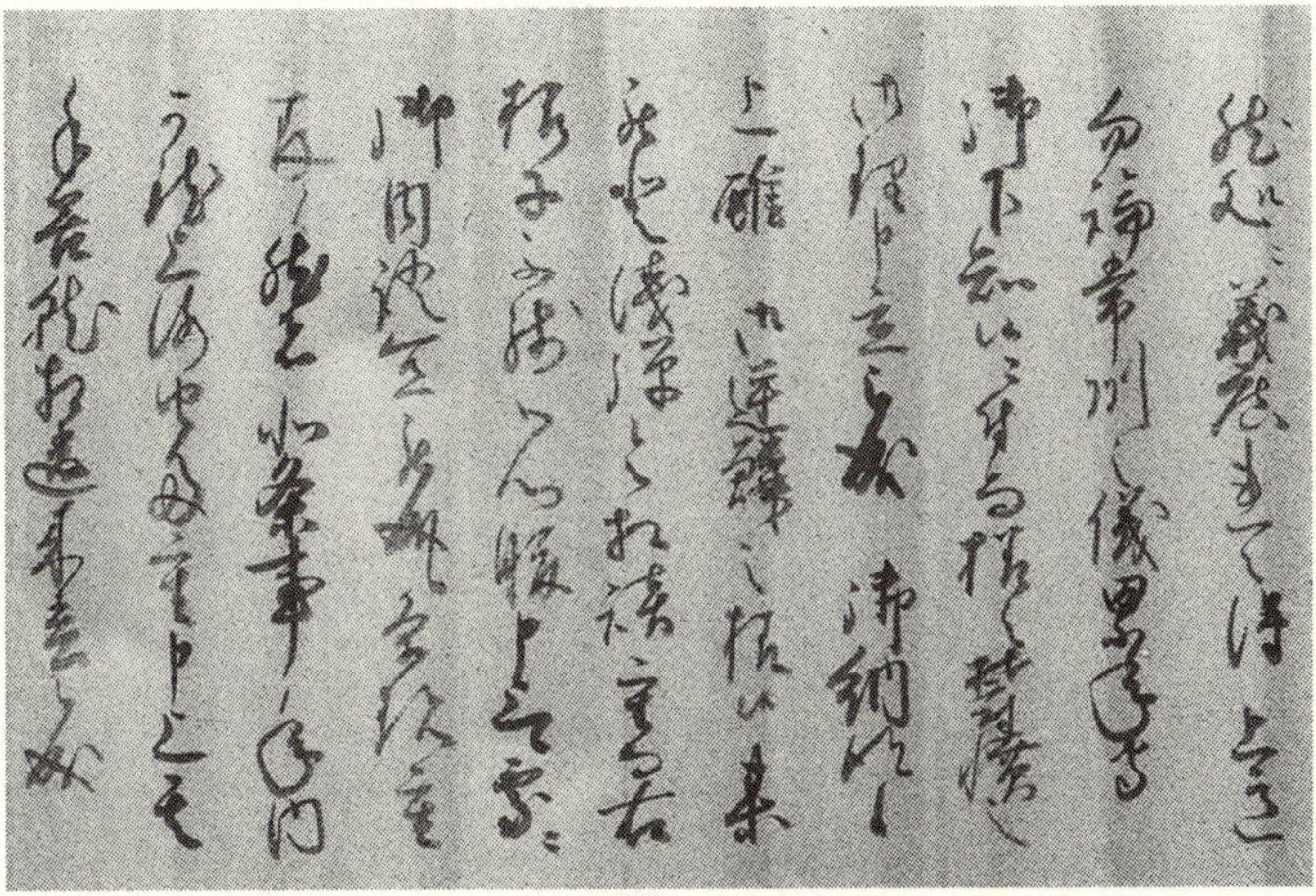

然処ニ義廣連々得上意
勿論常州之儀累年守
御下知候ニ付而様々鬱憤之
御理申立被成御納得候
上雖御逆鱗之様候某
罷登浅弾令相談重而右
様子不残御心腹申上候處ニ
御内證宜罷成候条珍重
存候然者北条事年内
可致上洛由多重申上其
手筈就相違来春被成

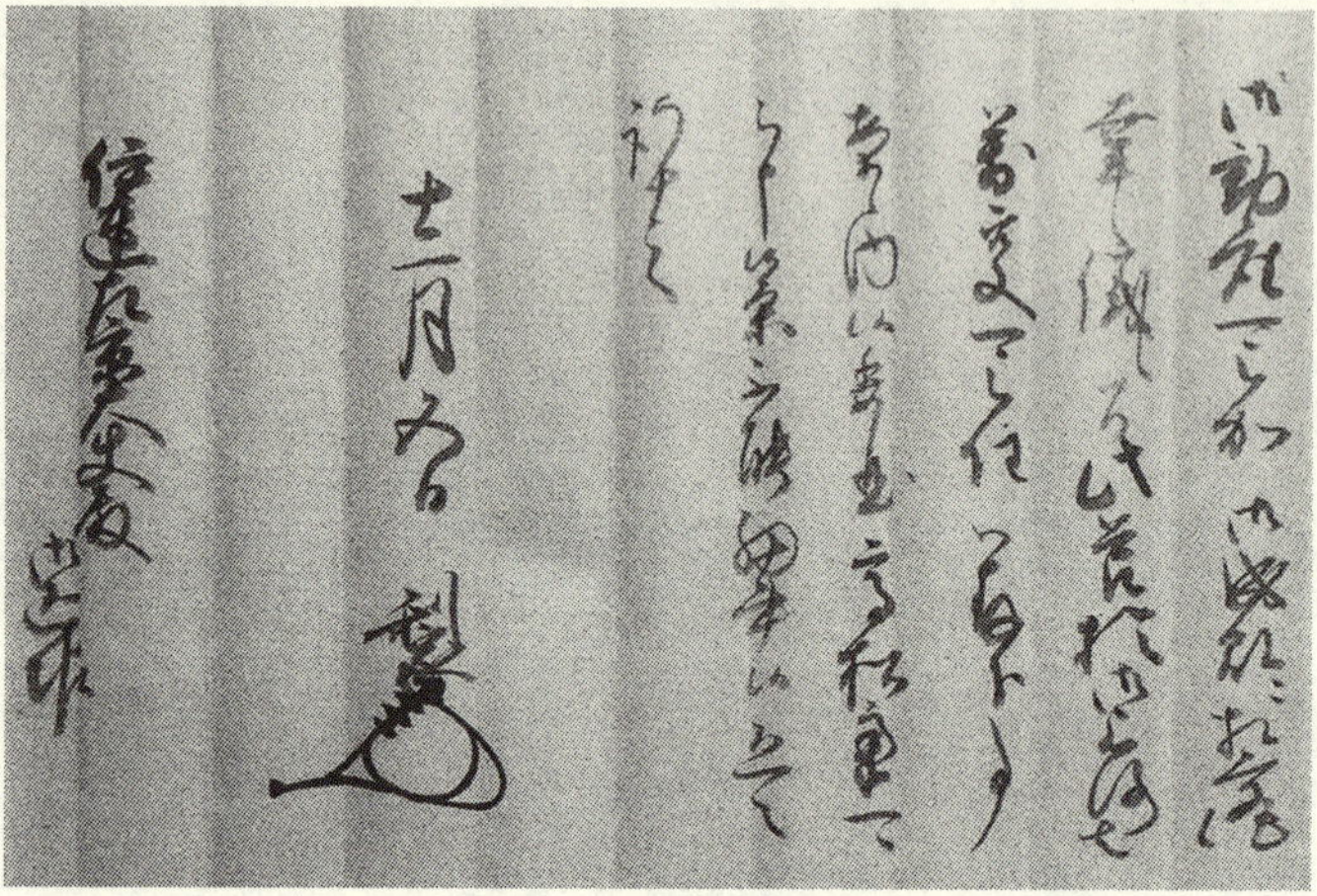

御動座可被加御成敗ニ相究候
幸之儀候間此節於御上洛者
萬事可被任御存分事
案之内候委曲高松斎可
被申候条不能細事候恐々
謹言

十二月五日　利家（花押）

伊達左京大夫殿

御返報

〔読み下し〕

御使札《しさつ》の趣、具《つぶさ》に拝披《はいひ》。本懐の至りに存じ候。殊《こと》に御馬一疋鹿毛《かげ》、御意に懸けられ、毎篇、御悃信《こんしん》申し尽《つ》くしがたき次第に候。なかんづく、今度高松斎《こうしょうさい》指し上せられ、御覚書の条目両三通ならびに口上御存分の通り、逐一承り届け候。尤《もっと》もと存ずる事に候。拙子《せっし》上洛《じょうらく》遅れ候間、使者相添へ、浅弾正少弼（浅野長政）・富左近将監（富田知信）方へ申し理《ことわ》り候処《ところ》、則《すなわ》ち上聞に達せられ候。然る処《ところ》に、義広（蘆名）連々《れんれん》上意を得、勿論常州の儀、累年御下知を守り候に付いて、様々鬱憤《うっぷん》の御理り申し立て成され御納得候上、御逆鱗《げきりん》の様に候と雖《いえど》も、某《それがし》罷《まか》り登り、浅弾と相談せしめ、重ねて右様子残らず御心腹申し上げ候処に、御内証《ないしょう》よろしく罷り成るべく候条、珍重に存じ候。しからば、北条の事、年内上洛致すべき由、多く重ねて申し上げ、その手筈《てはず》相違について、来春御動座を成され、御成敗を加へらるべきに相究《あいきわ》まり候。幸の儀に候間、この節御上洛においては、万事御存分に任《まか》さるべき事案の内に候。委曲《いきょく》高松斎申さるべく候条、細事《さいじ》能《あた》はず候。恐々謹言

十二月五日　利家（花押）

伊達《だて》（政宗）左京大夫殿

御返報

〔現代語訳〕

御手紙の趣、くわしく拝見しました。本懐の至りと存じます。ことに、御馬一疋、しかも鹿毛の馬をお贈りいただき、御礼の申し様もありません。特に、今度は高松斎を上洛させ、御覚書の条目三通、さらに口上の内容、逐一承りました。尤《もっと》ものことと思います。私は上洛するのが遅れておりまして、使者を添え、浅野《あさの》弾正《だんじょう》少弼《しょうひつ》長政《ながまさ》および富田《とみた》左近将監《さこんのしょうげん》知信《とものぶ》のところに申し伝えてきたことがらはすべて関白秀吉様の御耳に届いています。ところが、蘆《あし》名《な》義広《よしひろ》側がいろいろと上意を得て動いています。勿論、常陸《ひたち》の佐竹義重《さたけよししげ》は、年来、秀吉様の御下知を守ってきていますので、様々、秀吉様に鬱憤をぶつけられ、それを聞いて御怒りの様子ですが、私が登城致しまして、浅野長政と相談し、重ねて、これまでのいきさつを腹蔵なく申し上げました。そこで、内々にはうまく収まるようにとのことでしたので、よろこんでいます。ところで、北条氏政《うじまさ》・氏直《うじなお》父子のことですが、年内に上洛すべきと何度もいわれているにもかかわらず、そうなっていません。そこで、いよいよ来春には秀吉様自ら出馬し、成敗をすることに決まりました。これは我々にとって幸いなことですので、この時期を逃さず、あなたが上洛してくれれば、万事うまくいくと思います。くわしくは高松斎が申し述べますので、細事については書きませんでした。

摺上原古戦場（福島県耶麻郡猪苗代町）

奥州の覇者政宗

この文書は書かれている内容から天正十七年（一五八九）十二月五日付であることが確実である。宛名の伊達左京大夫《さきょうのだいぶ》は政宗《まさむね》のことで、豊臣秀吉の小田原《おだわら》攻めを前にした緊迫した状況が読みとれる。

この文書の時代背景を説明するためには、ちょうど半年前の六月五日に会津《あいづ》磐梯山麓《ばんだいさんろく》の摺上原《すりあげはら》でくりひろげられた摺上原の戦いからみておかなければならない。

天正十七年四月二十二日、伊達政宗は大軍を率いて米沢城を出陣し、五月四日には黒川《くろかわ》城（のちの会津《あいづ》若松《わかまつ》城）の支城である安子島《あこがしま》城、翌日には同じく支城の高玉《たかたま》城を落としている。ともに蘆名義広の家臣が守っていた城である。そのあと、政宗の軍勢は一時、会津とは反対方向になる相馬《そうま》に駒を進め、蘆名側は少し油断していた。実は、これは政宗の陽動作戦であった。すぐ兵を反転させ、しかも、前々から内応を約束し、猪苗代《いなわしろ》城を守っていた義広の重臣猪苗代盛国《もりくに》が政宗側に寝返ってきたのである。

結局、六月五日、摺上原でくりひろげられた戦いで政宗軍が圧勝し、義広は黒川城を捨て、実家の佐竹氏のもとに逃げもどり、ここに鎌倉時代から続いた蘆名氏は滅亡した。

政宗は会津を手に入れ、居城をそれまでの米沢城から黒川城に移している。これによって政宗は、現在の福島県のほとんどと、山形県の一部、宮城県の一部にわたる全国的にも屈指の大戦国大名領を成立させることになった。奥州独立国構想を描きはじめていたのである。このとき、政宗はまだ二十三歳の若さであった。

秀吉の「惣無事令」

ところが、この摺上原の戦いで蘆名氏を滅ぼしたことが、秀吉の「関東・奥両国惣無事《そうぶじ》令《れい》」違反とされることになる。秀吉は天正十三年（一五八五）、史上初の武家関白となるが、その関白という職権をふりかざし、天下統一に邁進《まいしん》する。そのとき持ち出した論理が「惣無事」という考え方である。「惣無事」とは字の通り、「すべて無事」、つまり、争いごと、合戦のない状態をいう。

秀吉は、大名同士の戦いを〝私戦〟とみなし、戦いあっている勢力に対し、天皇から権限を任された関白としての自分が征伐をするという論法である。そのため、「私戦停止令」とか「豊臣平和令」といういい方もする。

その論法で天正十五年（一五八七）には九州攻めで島津《しまづ》義久《よしひさ》を屈服させ、その論理を関東の北条氏、東北の伊達氏や最上《もがみ》氏にまで及ぼそうとしたのが「関東・奥両国惣無事令」である。奥両国とは陸奥《むつ》・出羽《でわ》の両国をさす。

したがって、秀吉としては、政宗が会津の蘆名氏を攻め滅ぼしたことを重視し、「関東・奥両国惣無事令」違反として糾弾することになるが、政宗もしたたかで、糾弾される前に「なぜ会津を攻めたのか」を、摺上原の戦いの直後、秀吉側に弁明をしているのである。使者になったのは、伊達家譜代の祈禱師《きとうし》で、修験年行司《しゆげんねんぎようじ》をつとめていた良学院栄真《りようがくいんえいしん》で、彼は上洛し、富田知信・前田利家《まえだとしいえ》・施薬院全宗《やくいんぜんそう》を介して秀吉側に弁明をしている。

政宗の主張の一番のポイントは、「奥州五十四郡の儀は、前代より伊達探題《たんだい》につき、諸事政宗申し付くる儀、今もつてその隠れあるべからず候」というところにあった。つまり、「自分は奥州探題である。探題としての権限で蘆名氏を攻めたまでである」といい切り、さらに、「この戦いは会津方からしかけられたもの」といい、「会津方が約束を違《たが》えた」ともいっているが、ここらになると弁解がましく聞こえる。

こうしたやりとりの中で、政宗も、秀吉の関白の論理に対し、奥州探題の論理では対抗できないと考えたのであろう。秀吉側近の浅野長政・豊臣秀次、さらに前田利家らに馬を贈り、秀吉への取りなしを依頼しているのである。この書状の冒頭部分で、利家が政宗から馬を贈られたことに対し謝辞を述べているのはそのためである。

利家書状の日付が天正十七年十二月五日付となっている点は特に注目される。というのは、この時期、秀吉および腹心の石田三成は政宗討伐の腹を固めていたらしいからである。『会津旧事雑考』という史料によって、このころ、石田三成が蘆名氏の旧臣金上《かながみ》氏らのもとに兵糧《ひょうろうまい》米・鉄・鉛などを送り、政宗との戦いの準備をさせていたことが明らかにされている。秀吉としては、蘆名氏遺臣を組織し、それに佐竹義重および上杉景勝を協力させ、蘆名領を奪回しようとしていたものと思われる。

この書状の十三行目から十五行目のところに、蘆名義広側からの訴えを受けた秀吉が、政宗の行為に対し「逆鱗」したとあるように、秀吉の怒りは政宗に向けられていたのである。

小田原攻め

折も折、北条氏政の弟で、武蔵鉢形《はちがた》城を守っていた北条氏邦《うじくに》の家臣猪俣邦憲《いのまたくにのり》が真田領の上野名胡桃《なぐるみ》城を奪うという事件が勃発《ぼっぱつ》した。猪俣邦憲は上野の沼田《ぬまた》城代であったが、利根川《とねがわ》を挟んだ対岸の名胡桃城が目ざわりに感じていたものとみえ、攻め取ってしまったのである。秀吉はこれを北条氏による「関東・奥両国惣無事令」違反ととらえ、天正十七年十一月二十四日付で、「一北条事、近年公儀を蔑《ないがし》ろし、上洛するあたはず。殊に関東に於いて雅意に任せ狼藉《ろうぜき》の条、是非に及ばず……」ではじまる全文五ヵ条からなる宣戦布告状を北条氏政・氏直父子につきつけている。そして、この宣戦布告状は黒川城の政宗のもとにも届けられているのである。

政宗のもとに北条氏宛の宣戦布告状がいつ届けられたかはわからないが、この十二月五日付の利家書状と相前後して政宗のもとに届けられたものと思われる。

こうした流れからみて、政宗は早くから秀吉に恭順の意をあらわしていたとされることもあるが、実際のところはそんなに単純ではなかった。北条氏政・氏直父子と連絡をとりあい、秀吉軍を迎え撃つ準備をしていたことがそのころの政宗発給文書から読みとれるのである。また、逆にいえば、北条氏側も、政宗との同盟関係があるので、秀吉との戦いを受けて立つ決心を固めたという側面もあった。

つまり、政宗は、一方で前田利家らに秀吉との取りなしを依頼し、一方で北条氏と結んで秀吉に徹底抗戦をするという、和戦両様の作戦で臨んでいたことになる。

実は、この二股《ふたまた》かけた行動が、その後の政宗を苦しめることになるのである。秀吉が三万二千といわれる直属軍を率いて京都の聚楽第《じゅらくてい》を出馬したのは翌天正十八年(一五九〇)三月一日であった。三月二十九日には、北条側の最前線の城である伊豆の山中城《やまなか》が豊臣秀次の攻撃を受け、半日で落城し、二十一万とも二十二万ともいわれる秀吉軍の大軍が小田原城を包囲した。小田原合戦のはじまりである。

正月十三日付の蘆名氏旧臣山内氏勝《やまのうちうじかつ》宛の石田三成書状(『新編会津風土記』所収文書)によると、秀吉は、「北条氏を成敗したら、そのまま黒川城まで進み、政宗の首をはねる」といっていたという。秀吉がその時点で、北条氏政・氏直のあとは政宗と考えていたことがわかる。

北条氏と連絡をとりつつ、利家とも書状のやりとりをしており、政宗のしたたかな一面をのぞかせているが、利家は二月二日付書状(「伊達家文書」)で、「会津口から下野《しもつけ》に出馬するように」と政宗に勧告している。利家自身、上野に駒を進めるともいっており、政宗をなんとか敵にまわさないよう努力していたことがうかがわれる。

結局、これら前田利家や浅野長政らの説得によって、政宗は小田原への参陣を決意している。つまり、北条氏との同盟関係を破棄し、秀吉への臣従路線へ転換したわけである。

しかし、領内には従属に反対し、あくまで徹底抗戦を主張する家臣たちもいて、政宗が黒川城を出発できたのは五月九日であった。しかも、関東を避け、上杉景勝領の越後《えちご》や信濃を通るという遠まわりをしたこともあり、小田原に到着したのは六月五日であった。小田原開城が七月五日なので、間にあうには間にあったが、秀吉にしてみれば遅参もいいところである。石垣山城《いしがきやま》の普請現場で政宗を引見した秀吉が、もっていた杖《つえ》を政宗の首にあて、「もう少し来るのが遅ければ、ここが危なかったな」といったというのは有名な話である。

小田原に到着したとき、政宗の遅参を詰問したのが前田利家・浅野長政で、特に利家とは書状のやりとりをしていたことが幸いしたといえる。

8 魚津在城衆十二名連署書状

――武士の死生観

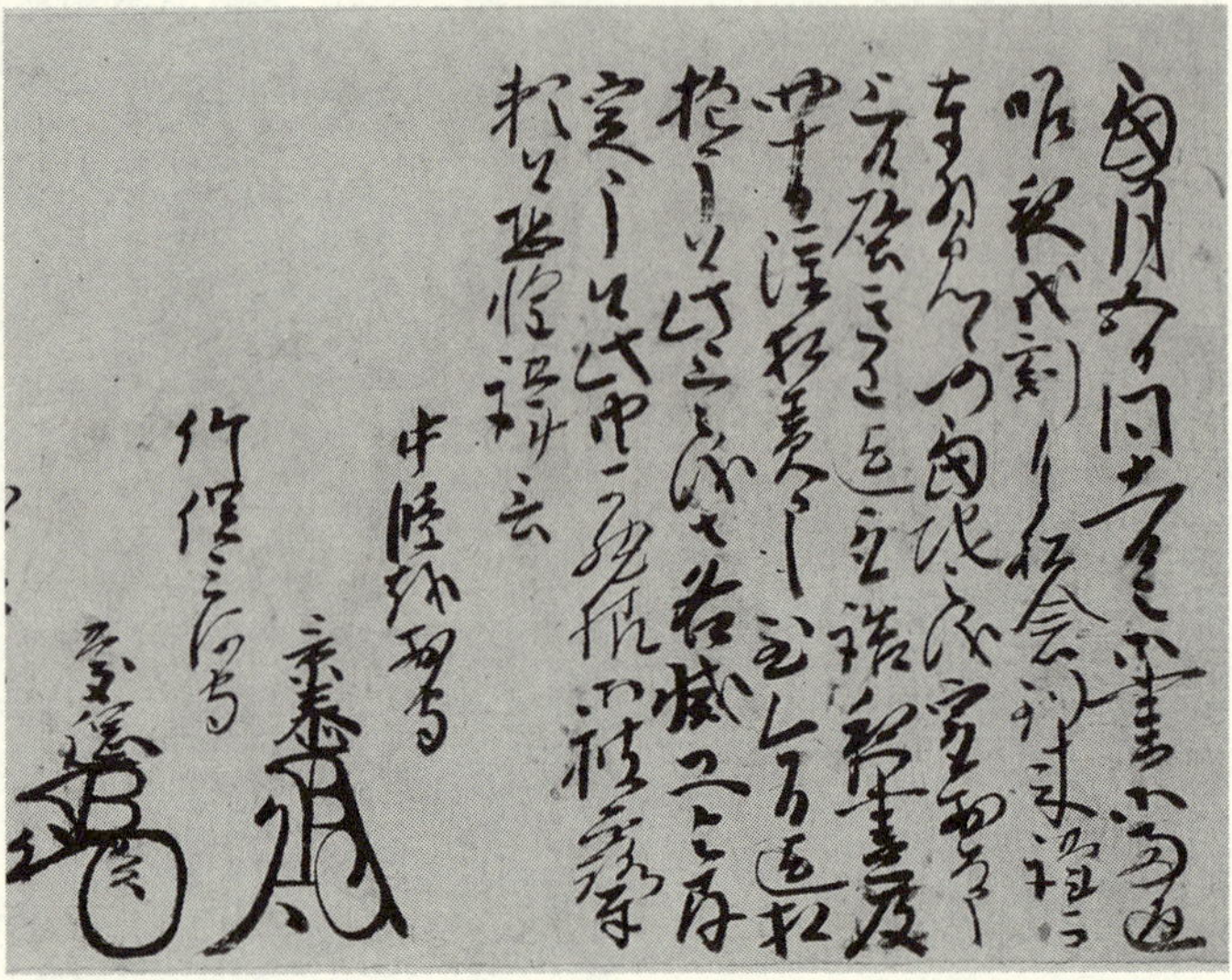

（山形大学小白川図書館蔵）

〔翻刻〕

當月五日同十一日之御書御両通
昨夜戌刻自松倉到来謹而
奉拝見候仍當地之儀最前如申
上候壁きわ迄取詰夜昼及
四十日雖相責申候至今日迄相
抱申候此上之儀者各滅亡与存
定申候此由可然様御披露奉
頼候恐惶謹言

中條《なかじょう》越前守
景泰《かげやす》（花押）
竹俣《たけのまた》三河守
慶綱《よしつな》（花押）

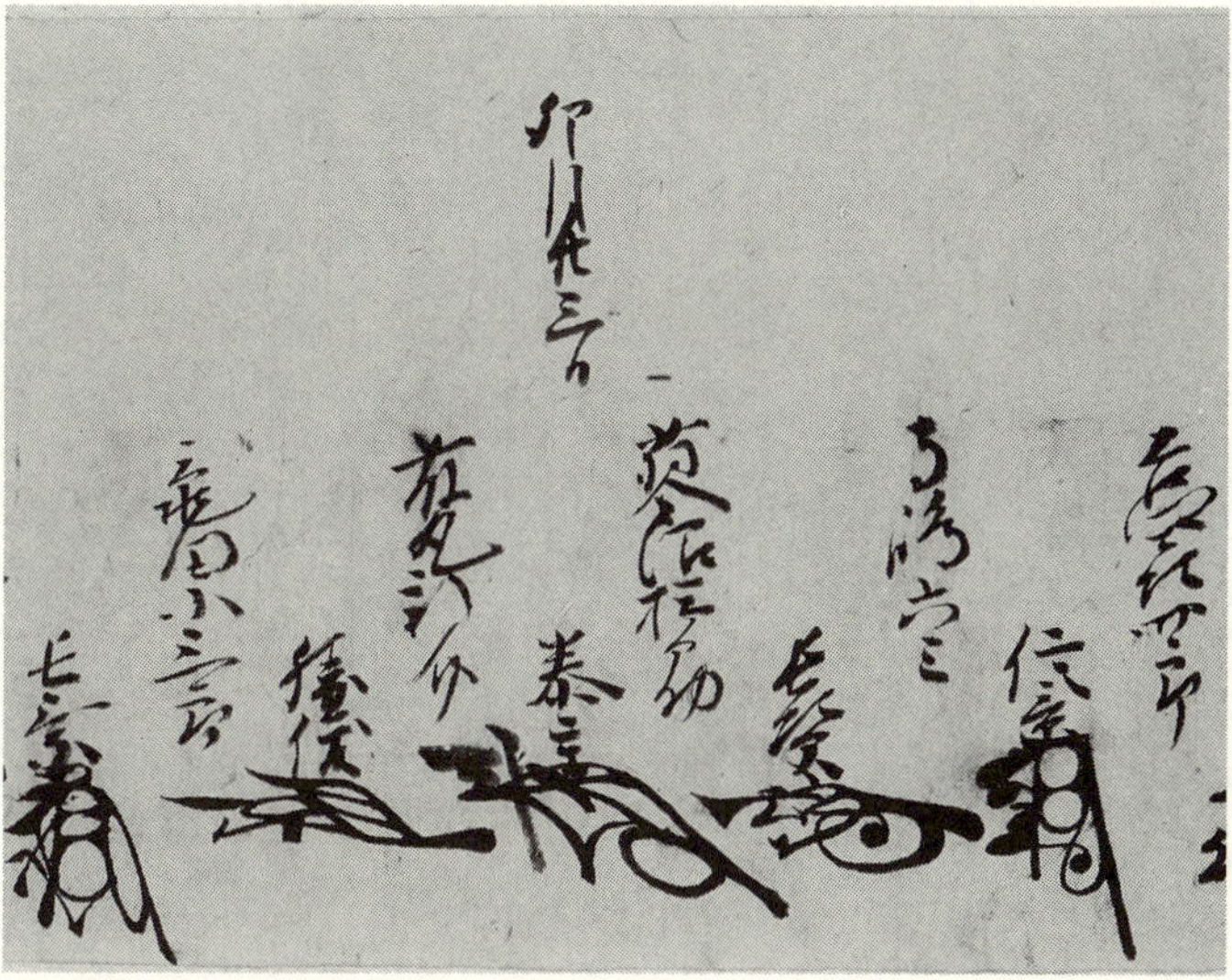

吉江《よしえ》喜四郎
信景《のぶかげ》（花押）
寺嶋《てらしま》六三
長資《ながすけ》（花押）
蓼沼掃部助《たでぬまかもんのすけ》
泰重《やすしげ》（花押）
卯月廿三日
藤丸《ふじまる》新介
勝俊《かつとし》（花押）
亀田小三郎
長乗（花押）

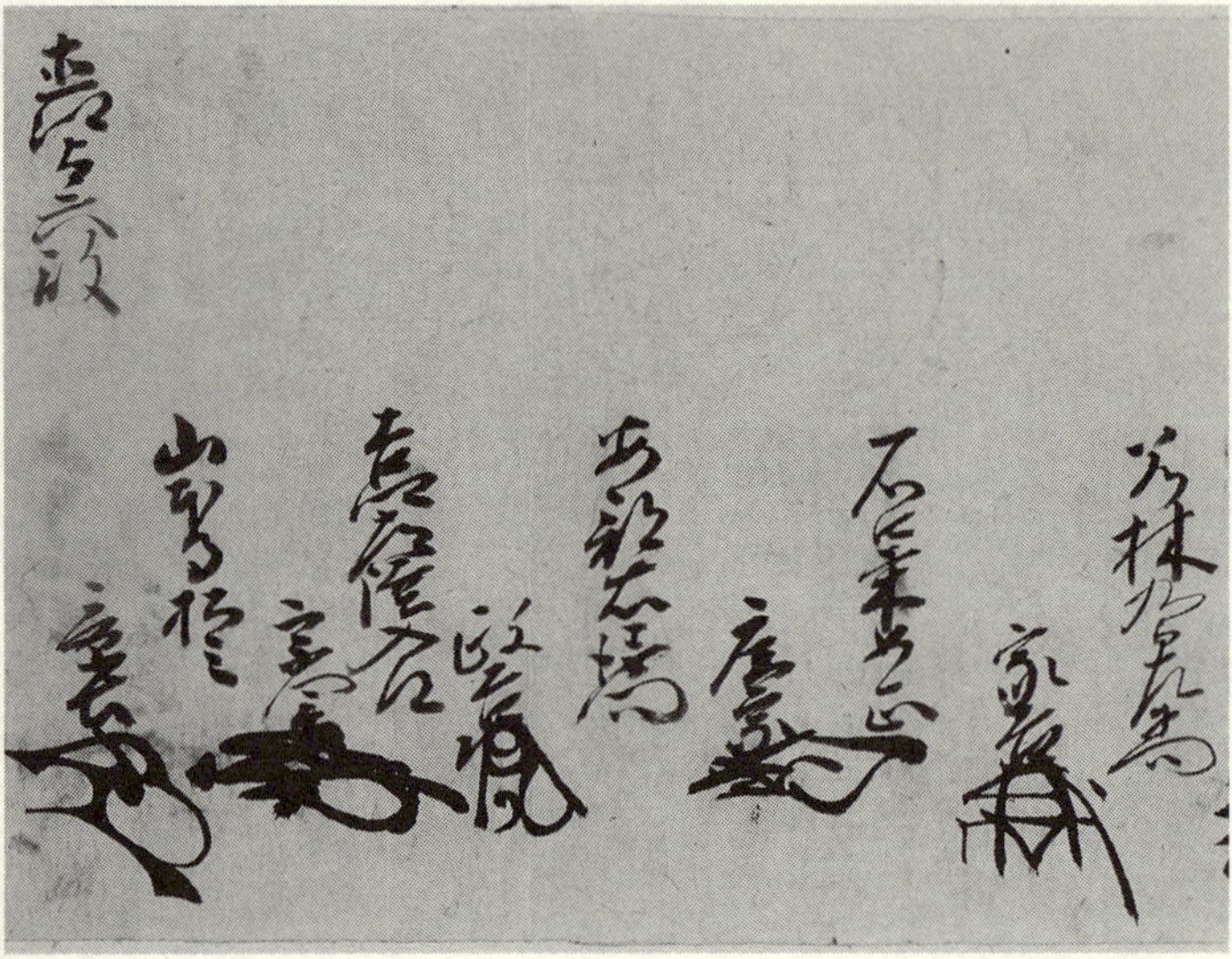

若林九郎左衛門尉
家吉（花押）
石口采女正《いしぐちうねめのしょう》
広宗《ひろむね》（花押）
安部《あべ》右衛門尉
政吉《まさよし》（花押）
吉江《よしえ》常陸入道
宗誾《そうぎん》（花押）
山本寺《さんぼんじ》松三
景長《かげなが》（花押）
直江《なおえ》与《よ》六《ろく》殿

〔読み下し〕

当月五日、同十一日の御書御両通、昨夜戌《いぬ》の刻松倉《まつくら》より到来。謹んで拝見し奉り候。仍《よっ》て当地の儀、最前申し上げ候如く、壁きわ迄取り詰め、夜昼四十日に及び相責め申し候と雖も、今日に至る迄相抱へ申し候。此の上の儀は、各《おのおの》滅亡と存じ定め申し候。此の由然るべき様御披露頼み奉り候。恐惶《きょうこう》謹言

卯月《うづき》廿三日　（差出人名省略）

直江与六殿

〔現代語訳〕

今月五日と十一日の二通の書状、昨夜戌の刻（午後七時〜九時）に松倉より届きました。謹んで読ませていただきました。こちらは、以前から申しあげているように、敵が壁際まで取り詰め、夜昼四十日にわたって攻められていますが、今日までなんとかもちこたえてきました。この上は、全員滅亡と覚悟を決めました。この由をよろしく景勝様にご披露下さるようお願いいします。

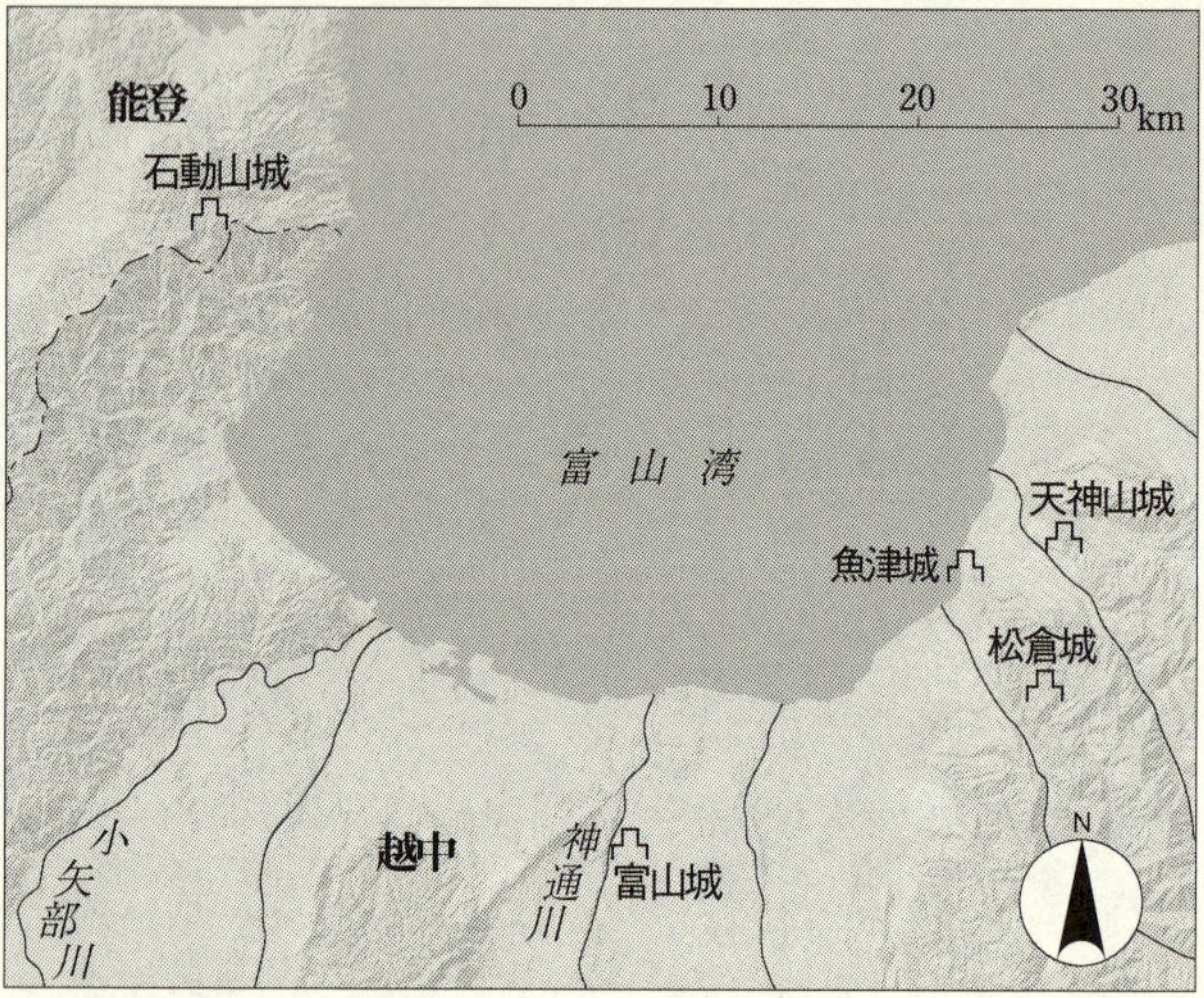

景勝の生命線

文書のやりとりには様々なケースがあるが、ここでは、家臣同士、しかも珍しい連署書状を取りあげた。発給者の中条越前守景泰以下十二名は上杉景勝の家臣、宛名の直江与六も景勝家臣の直江兼続《かねつぐ》である。「卯月廿三日」は天正十年（一五八二）四月二十三日のことである。

天正六年（一五七八）三月十三日、上杉謙信が春日山《かすがやま》城で急死したあと、二人の養子、すなわち、謙信の姉と長尾政景《まさかげ》との間に生まれた景勝と、北条氏と同盟を結んだとき人質として送られてきた北条氏康《うじやす》の子景虎が家督を争い、越後は内乱状態となった。御館《おたて》の乱である（13章参照）。結局、景勝側が勝利する形で終息したが、上杉家の力は謙信のときにくらべ、はるかに低下してしまった。

一つは、景勝に謙信ほどのカリスマ性がなかったことと、もう一つ、御館の乱の最中に信長の力が急速に北陸方面にのびてきたことも関係していた。

そうした状況のもと、とうとう天正八年（一五八〇）閏《うるう》三月、信長は柴田《しばた》勝家《かついえ》と佐久間《さくま》盛《もり》政《まさ》に命じ、一万五千の大軍で加賀《かが》に攻め入らせ、加賀一向一揆《いっこういっき》の拠点だった尾山御坊《おやまごぼう》を落としている。尾山御坊は尾山城ともよばれており、「百姓持ちの国」あるいは「門徒《もんと》持ちの国」といわれた加賀国の政治・軍事上の中心であった。

もっとも、尾山御坊が落ちて、加賀一向一揆が終息したわけではなく、年があらたまり、天正九年になっても織田軍に抵抗を続ける門徒がいた。しかし、それも征圧され、加賀までが織田領となり、越中《えっちゅう》で上杉氏と織田氏の勢力が衝突する形となった。

それでもまだ天正十年（一五八二）のはじめまでは、景勝も越中の富山《とやま》城のあたりまで領国として維持していた。ところが三月十一日、景勝と同盟関係にあった甲斐の武田勝頼が信長によって攻め滅ぼされ、織田軍が越中にまで進攻する事態となった。

ちょうど同じころ、富山城は景勝に味方する越中一向一揆の大将小島職鎮《こじまもとしげ》の軍勢が籠もっていたが、柴田勝家・佐々成政《さっさなりまさ》・前田利家らが攻めかかり、結局、三月十一日、富山城も落ちてしまい、景勝としては、魚津《うおづ》城と松倉城を結ぶ線でなんとか織田軍のそれ以上の進軍をくいとめざるをえない形となった。まさに、魚津城は、信長との戦いにおける景勝の生命線であった。

魚津籠城

こうした事態を迎え、景勝とその執政だった直江兼続は魚津城に名だたる部将を送りこむことを決意した。その部将がこの書状の差出人の十二名である。はじめ、もう一人長与次《ちょうよじ》という者が加わり十三名であったが、長与次は途中で能登《のと》に転じたらしく、最後まで籠城戦を戦ったのは、この十二名であった。

この書状が出されたのが四月二十三日で、文中、「夜昼及四十日」という表現があるように、籠城戦がはじまって四十日を超えていたことがわかる。それから逆算すると、柴田勝家らが魚津城を囲んだのは三月十三日ころのことと思われる。富山城を落とし、すぐ魚津城に攻めかかったのであろう。

籠城戦の最中、はじめ十三名の城将から後詰の援軍要請があった。しかし、武田氏の滅亡が予想外に早く信濃・上野まで織田領になってしまったため、越中だけでなく、信濃・上野方面から織田軍が攻め込んでくることも予想され、景勝としては魚津城に後詰として出ていくことができない状況であった。

書状の冒頭「當月五日同十一日之御書御両通」とあるのは景勝から籠城している城将たちへの激励の書だったと思われる。五日付および十一日付の書状は今日残っていないので、そこにどのようなことが書かれていたのかわからない。しかし、十三日付の景勝書状が写しの形で伝わっている（「陸前石母田《りくぜんいしもだ》文書」）。この書状が魚津城の城将のもとに届いたかどうかわからないが、合戦に際し、戦国大名当主と部将の心が通いあう様子を伝えているものと思われるので、つぎに読み下しにして引用しておきたい。

その表《おもて》今に長陣の由、辛労心づくし、中々痛み入り候。各心中の程思ひやり、心も心ならず候。随分の衆楯籠《たてこも》られ候故、城中思ひも無き由、勿論、左様にこれ有るべきと察せしめ候。織部（吉江）父子三人、喜四郎（吉江）事は、すでに謙信御芳志御眼力を跡々けがさず候間、もつともその恥を思ふべく候。若林・蓼沼の事は、旗本のさね（核）に候間、是非申す事なく候。石口（広宗）事、何《いず》れも兄弟共かねて聞き及ぶと云ふ。このたび旗本に召し遣ひ候上は、そのしるしこれ有るべきと思ひ詰め候。安部の事は沙汰に及ばず候。藤丸の事は賀州《がしゅう》において覚者《おぼえのもの》に候間、是また是非無く候。亀田の事は若者に候間、きはめて一廉《ひとかど》かせぐべく候。三河守（竹俣）、先年の一乱にも無二に候ひき。その上年比《としごろ》と云ひ、代々弓箭《きゅうせん》の家に候間、この時きはめて是非と思ふべく候。旁《かたがた》かゝる思ひもなき事は有るまじく候。はたまた信州口の仕置《しおき》、隙《すき》あき候間、この節出馬せしめ、北国弓箭の是非を付けるべく候。これによって先勢として能州《のうしゅう》朝倉・遊佐（続光）家中、両三宅（長盛・小三郎）、温井（景隆）ならびにその外上杉五郎（政繁）・斎藤下野守（朝信）・河田《かわだ》軍兵衛尉《ぐんべえのじょう》、石動山《せきどうさん》城の者、境の城主いづれも指し越し候。能州衆打ち立ち候を彼の飛脚見届け候間、才覚をなさるべく候。直馬《じきば》は三日あとたるべく候。直馬なき以前、松倉、その地（魚津）重ねて指越人数と合はせ、一宛行《ひとあてだて》肝要に候。目出たくその表において申すべく候。謹言。

天正十年　　（上杉）景勝

卯月十三日

中条（景泰）越前殿

寺嶋（長資）六蔵殿

吉江（信景）喜四郎殿

亀田（長乗）小三郎殿

藤丸（勝俊）新助殿

安部（政吉）右衛門殿

山本寺（景長）松蔵殿

竹俣（慶綱）三河守殿

蓼沼（泰重）掃部殿
若林（家吉）九郎左衛門殿
石口（広宗）采女殿
長（景連カ）与次殿
吉江（宗誾）常陸入道殿

ここでの宛名は十三名であるが、前述したように、長与次は最後の段階のメンバーには入っていない。この四月十三日付の書状で景勝は城将たちに、三日後の出馬を約束していたが、そのときは出馬できなかった。春日山城を明ければ、上野厩橋《うまやばし》城から滝川一益の軍勢が、信濃海津城から森長可《ながよし》の軍勢が攻め込んでくる恐れがあったからである。そうした事態のもと、城将たちが、直江兼続に「各滅亡与存定申候」と自分たちの覚悟を伝えたのがこの連署書状であった。

死んで名をあげる

さて、書状を出したあと、城将たちはどうなったのだろうか。月が替わって五月六日、とうとう二の曲輪《くるわ》が落ち、本曲輪だけになってしまった。その間、なんとか魚津城を救いたいとの一念で、春日山城を攻められる危険を承知の上で景勝は五月四日に春日山城を出馬し、十五日、魚津城背後の天神山《てんじんやま》に陣を敷いた。その様子は魚津城中からもみることができたはずで、城将たちは安堵の胸をなでおろしたと思われる。

しかし、それもつかの間であった。懸念が現実のものとなり、滝川一益の軍勢が三国峠《みくにとうげ》から越後に入ろうとしているという情報が入り、海津城の森長可の軍勢がそれに呼応しようとしているとの連絡も入り、五月下旬、天神山の陣を撤去し、春日山城にもどってしまった。いってみれば、魚津城は見捨てられた形となる。

そのような場合、魚津城兵が降伏し、撤退するという選択肢もあった。執政直江兼続は降伏するよう城将たちに申し送ったといわれている。ところが彼らは、後詰がなく、全く展望がなかったにもかかわらず、徹底抗戦の道を選び戦い続けたのである。

そして、ついに六月三日、十二名の城将たちが切腹し、魚津城は落ちた。信長が本能寺で明智光秀《あけちみつひで》の謀反《むほん》に倒れた翌日のことであった。

彼らが徹底抗戦をしたのは、織田軍の攻撃をできるだけ魚津城でくいとめようという、魚津城の守備を任された責任感のようなものもあったと思われるが、それとともに、「どうせ死ぬなら、後代に名を残すような戦いをして死にたい」という思いもあったのではないかと考えられる。

『景勝年譜』などによると、十二名の城将たちの切腹シーンは実に壮絶なものであった。彼らは、あらかじめ板札に自分の名前を書き、耳に穴をあけ、その板札を鉄線でゆわえつけ、切腹していったという。要するに、首実検のとき、その首が誰のものかがわかるようにして死んでいったことになる。すさまじいばかりのパフォーマンスといわざるをえない。

ただ、この行為を自己顕示欲のあらわれとか、スタンドプレーとみたのでは事態の本質をついたことにはならない。こうした行動に武士たちを駆りたてる戦国の論理が働いていたのである。

実は、名誉の戦死は、子孫への遺産でもあった。よく「武名をあげる」というが、これは本人の武名だけでなく、家名をあげることにもなったのである。みごとに戦い、壮烈な死をとげ、名をあげることが戦国武士道の一つと認識されていたことをみておく必要がある。

当時の武将たちが、「城を枕《まくら》に討死」ということを厭《いと》わず、むしろ進んで死んでいったとの印象を受けるのは、それが家名存続と連動していたからにほかならない。

事実、魚津城で死んでいったこの書状に連署した十二名の城将の子孫は、ほとんど近世米沢藩上杉家の重臣として遇されていったのである。

9

長宗我部元親書状——四国の戦後処理

長宗我部元親肖像（高知市・秦神社蔵。高知県立歴史民俗資料館提供）

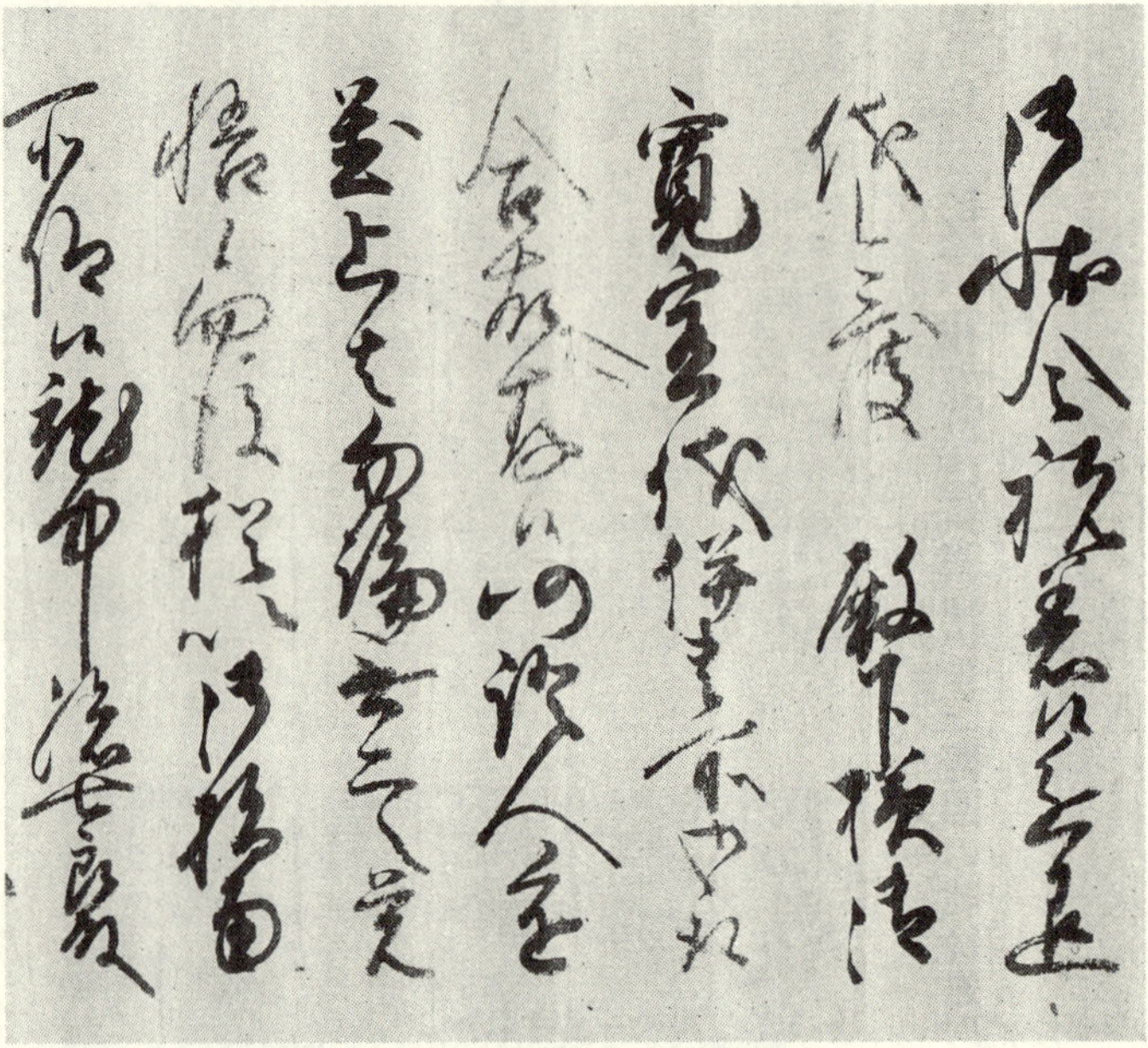

（徳島市立徳島城博物館蔵）

〔翻刻〕

御状令祝着候進退
儀今度　殿下様御
寛宥儀併貴所御取
合故存候仍證人進
置上者勿論無二之覚
悟候向後猶以御指南
所仰候就中孫七郎殿

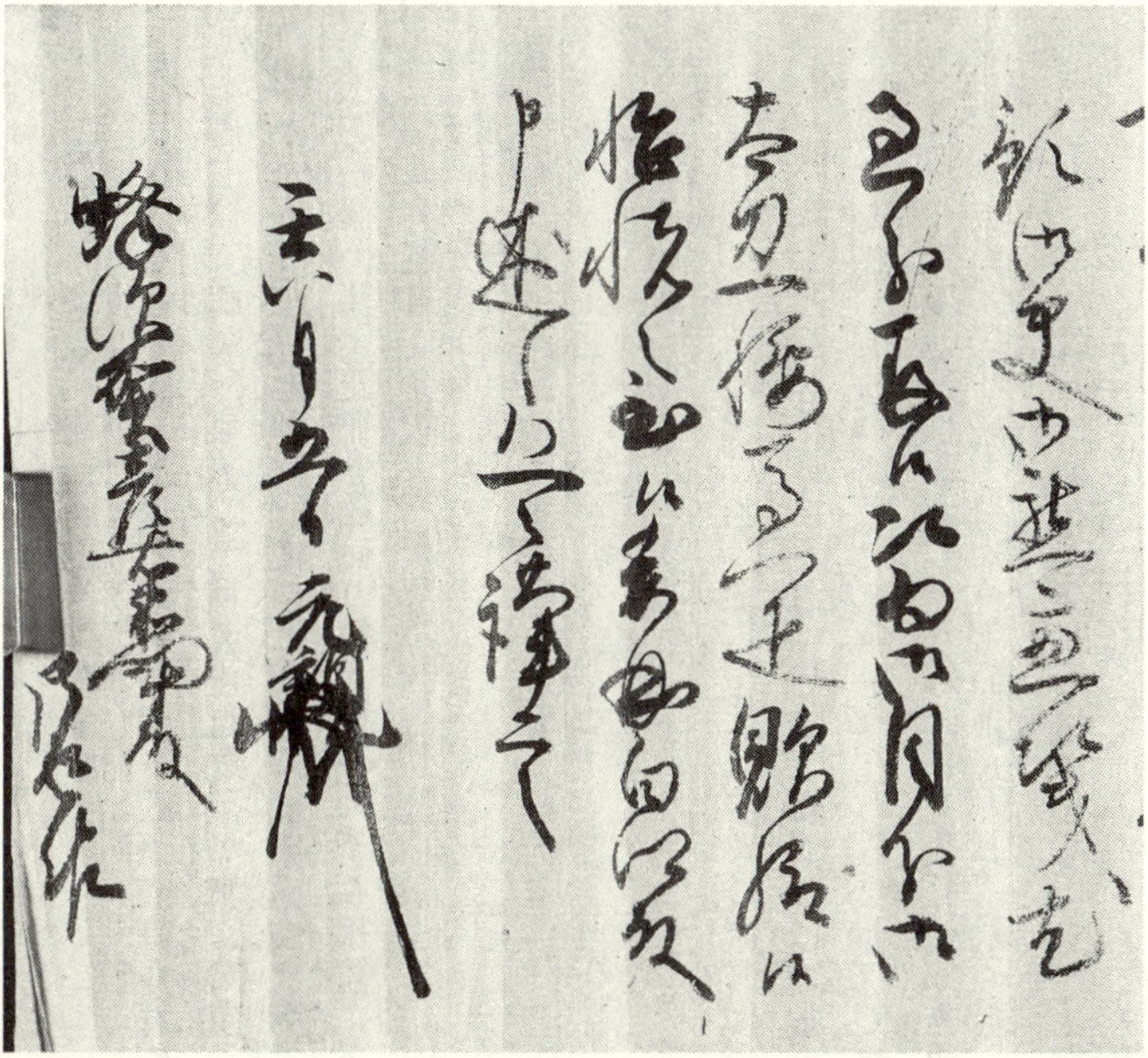

預御使御懇慮次第尤
過分存候次為御自分御
太刀一腰馬一疋贈給候
怡悦之至候委曲白江殿
申述候恐々謹言
閏八月五日　元親（花押）
蜂須賀彦右衛門尉殿
御返報

〔読み下し〕

御状祝着せしめ候。進退の儀、今度、殿下（秀吉）様御寛有《かんゆう》の儀、しかしながら貴所御取り合ひの故と存じ候。仍《よっ》て、証人進《まいらせ》置《お》く上は勿論、無二の覚悟に候。向後、猶以て御指南仰《あお》ぐ所に候。なかんづく、孫七郎（秀次）殿御使ひに預り、御懇慮の次第尤《もっと》も過分に存じ候。次に御自分として御太刀一腰、馬一疋贈り給はり候。怡悦《いえつ》の至りに候。委曲、白江《しろえ》殿申し述べ候。恐々謹言

閏八月五日　元親《もとちか》（花押）

蜂須賀《はちすか》彦右衛門尉（正勝）殿

御返報

〔現代語訳〕

御手紙ありがとうございました。私どもの進退について、関白殿下秀吉様の御ゆるしがあったのは、とりもなおさずあなた様の取りなしがあったからと思います。人質を送った上は勿論のこと、無二の覚悟で忠節をつとめるつもりでおりますので、これからも御指南のほどよろしくお願い致します。とりわけ、羽柴孫七郎秀次殿からは御使いを下され、懇《ねんご》ろな扱い、過分に思っております。また、御自ら太刀一腰・馬一疋をお贈りいただきありがとうございました。これ以上のよろこびはありません。くわしくは秀次殿の家臣白江定成《さだなり》殿が申し伝え

ます。

四国制覇

「御返報」とあるように、長宗我部《ちょうそかべ》元親と蜂須賀正勝《まさかつ》との書状のやりとりがあったときの元親から正勝への返書である。年次は内容から天正十三年（一五八五）閏八月五日で間違いない。

元親は土佐《とさ》一国を平定したあと、讃岐《さぬき》・阿波《あわ》・伊予《いよ》への侵攻をくりかえし、この年春には伊予道後《どうご》の湯築《ゆづき》城を攻め落とし、河野通直《こうのみちなお》を破ったことで、四国制覇を成しとげていた。

ところが、こうした動きは、豊臣秀吉の天下統一の流れに逆らう形となり、秀吉は、はじめ、戦わずに元親を屈服させる方向を考えた。「伊予・讃岐を返上すれば、残りの土佐・阿波の二ヵ国は安堵しよう」ともちかけている。しかし、元親としては、四国四ヵ国は自分の力で切り従えてきたという自負があり、この秀吉の突然の横槍《よこやり》は許しがたいものであった。

もっとも、元親もはじめから秀吉に対する徹底抗戦を考えていたわけではなかった。元親も、四国平定戦で疲れきっており、秀吉と正面きって戦うだけの余力はなかったからである。はじめは、なんとか妥協の道を探ろうと和平交渉に臨み、伊予一国の返上なら応ずるという姿勢をみせていた。ところが、秀吉側があくまで伊予・讃岐二ヵ国の返上という強硬な態度

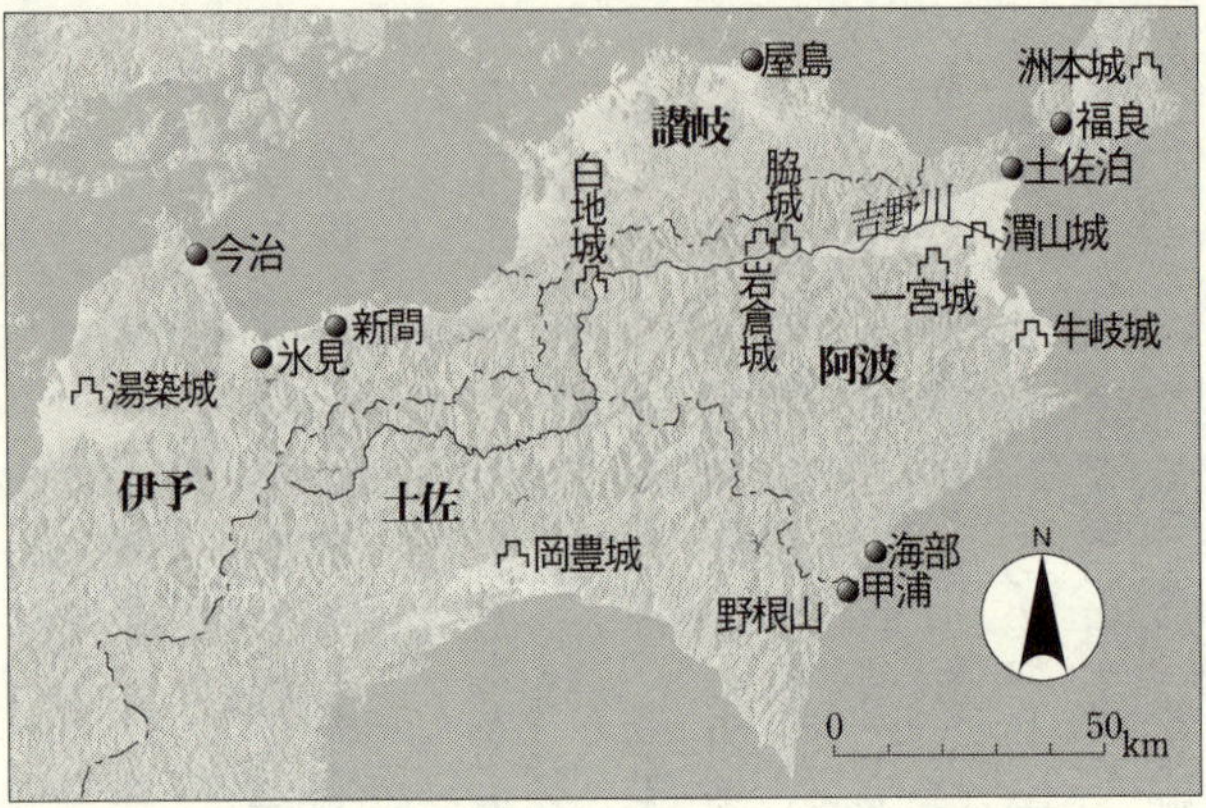

を変えなかったので、結局、交渉は決裂した。

はじめ、秀吉自らが総大将になって出陣する予定であったが、直前になって病気となったため、代わりに弟の秀長を総大将とし、甥の秀次を副将として、四国攻めの大軍が出動することになった。

六月十六日、秀長が三万の軍勢を率いて堺《さかい》を出帆し、淡路《あわじ》島《しま》の洲《す》本《もと》に渡った。副将の秀次もやはり三万の軍勢を率いて明石《あかし》を出帆し、淡路島の福良《ふくら》に渡り、秀長軍と合流、合わせて六万の大軍が阿波の土《と》佐泊《さどまり》（鳴門《なると》市鳴門町土《と》佐泊浦《さどまりうら》）に上陸している。

元親は、豊臣軍が阿波から攻め込んでくるであろうことは事前に察知していて、阿波の諸城に重臣を配置し、守りを固めていた。しかし、豊臣軍は秀長隊・秀次隊だけではなかったのである。宇喜多《うきた》秀家《ひでいえ》・蜂須賀正勝・黒田《くろだ》孝高《よしたか》らの軍勢二万三千が讃岐の屋《や》島《しま》に上陸し、小早川隆景《たかかげ》・吉川元長《きっかわもとなが》らの三万とも四万ともいわれる軍勢が伊予の新間《にいま》（新居浜《にいはま》）・氷見《ひみ》・今治《いまばり》に上陸している。つまり、元親が予想していた阿波だけでなく、讃岐・伊予も加え三方面から同時に攻め込まれたのである。

その時点での長宗我部軍は一領具足《いちりょうぐそく》の地侍軍を主力とする四万の軍勢で、それを三方面に分散せざるをえない形となり、各地で敗北が続いた。特に、主力軍同士の戦いとなった阿波で、元親の弟香宗我部《こうそかべ》親泰《ちかやす》が守っていた牛岐《うしき》城（阿南《あなん》市）と重臣の吉田《よしだ》康俊《やすとし》が守っていた渭《い》山《やま》城（徳島市）の陥落で長宗我部軍の敗色は濃厚となった。

阿波で最後まで頑強に抵抗していたのは、重臣谷忠澄《たにただずみ》と江村《えむら》親俊《ちかとし》が守る一宮《いちのみや》城（徳島市）、それに、一族長宗我部掃部助が守る岩倉《いわくら》城（美馬《みま》市）、同じく一族長宗我部新右衛門尉親吉《ちかよし》の守る脇《わき》城の三城であった。牛岐城・渭山城を落とした豊臣軍がこの三城に攻めかかってきたのである。秀長の軍勢が一宮城攻めにまわり、秀次の軍勢が岩倉城・脇城攻めにまわっている。

結局、一宮城を守っていた谷忠澄と吉田康俊は籠城継続困難とみて降伏し、阿波の一番西の奥まったところの白地《はくち》城（三好《みよし》市）に撤退していった。前後して、岩倉城・脇城も落ち、元親としては、これ以上戦いを続けるか、降伏するかの判断を迫られることとなった。

抵抗する元親

元親はこの段階に至っても徹底抗戦を主張していた。『元親記』（『四国史料集』）につぎのようにみえる。

縦《たと》ひ、岩倉・一の宮を攻落《せめおと》さるる共、海部《かいふ》表《おもて》へ引請け、一合戦すべき手立、この中、爰《ここ》許《もと》に詰《つめ》候つる軍兵《ぐんぴょう》、又、国元《くにもと》の人数打震ひて打立ち、都合その勢一万八千余、信親大将して野根《のね》・甲浦《かんのうら》に至り着合ひ、海部表への御働を相待つ筈《はず》なり。野根《のね》山《やま》限りになりたりとも、本国迄の降参はならざる事案の中なり。西国にての弓矢《ゆみや》取《とり》と名を得たる元親が、一合戦もせで、やみ〳〵と無なるべき事の義、尸《しかばね》の上の恥辱《ちじょく》たるべし。骨は埋むとも、名をば埋まぬと哉《や》らん云《い》ふなり。をのれめらが存分とは、天と地と違ひたり。忠兵衛それ程の未《み》練者《れんもの》と思はで、城を預けつる事の無念さよ。頓《すみやか》に一の宮へ帰り、腹を切候へとあらけなく宣《のたま》ひて、既に忠兵衛は面目を失ひたり。

ここに「忠兵衛」と出てくるのが谷忠澄のことで、降伏して逃げもどってきた重臣に対し、かなりきびしい言葉で罵《ののし》っていたことがわかる。なお、「野根山限りになりたりとも」といっているのは、土佐国安芸《あき》郡東北部のところで、長宗我部氏の父祖の地をさしている。元親は、「たとえ、本国まで攻め入られても降伏はしない」といっていた。

しかし、重臣筆頭の谷忠澄も負けてはいない。「一宮城にもどり腹を切れ」とまでいわれたにもかかわらず、必死の説得を行っている。谷忠澄のいい分は明快で、戦って勝てる相手ではないこと、滅ぼされる前に和平を結んで家名を残した方がいいと主張し、それに元親の弟の香宗我部親泰をはじめ、他の重臣たちも同意したため、元親も渋々、降伏することになった。

その講和交渉の窓口となったのが蜂須賀正勝だったのである。具体的にどのような講和交渉が行われたかは明らかではないが、この書状で、元親自身、「貴所御取合故存候」といっているように、正勝の取りなしがあったから和平にこぎつけられたとの思いを抱いていたことはたしかである。この文面からすると、証人、すなわち人質も、正勝を通して秀吉側に出されたことがうかがわれる。

また、「向後猶以御指南所仰候」とあるように、今後の指南についても依頼しており、降伏した以上、元親としては、蜂須賀正勝の指導によって身を処したいと考えていたことがわかる。

講和交渉の結果、元親は、伊予・讃岐・阿波の三ヵ国を秀吉に渡し、土佐一国のみが安堵されることになった。

ちなみに、元親から没収されたそれぞれの国々であるが、阿波は蜂須賀正勝の子家政《いえまさ》に、讃岐は仙石秀久《せんごくひでひさ》（一部十河存保《そごうまさやす》）に、伊予は小早川隆景（一部安国寺恵瓊《あんこくじえけい》・来島康親《くるしまやすちか》・得能《とくのう》太郎左衛門）に与えられている。

10 伊達政宗書状——家臣への報告書

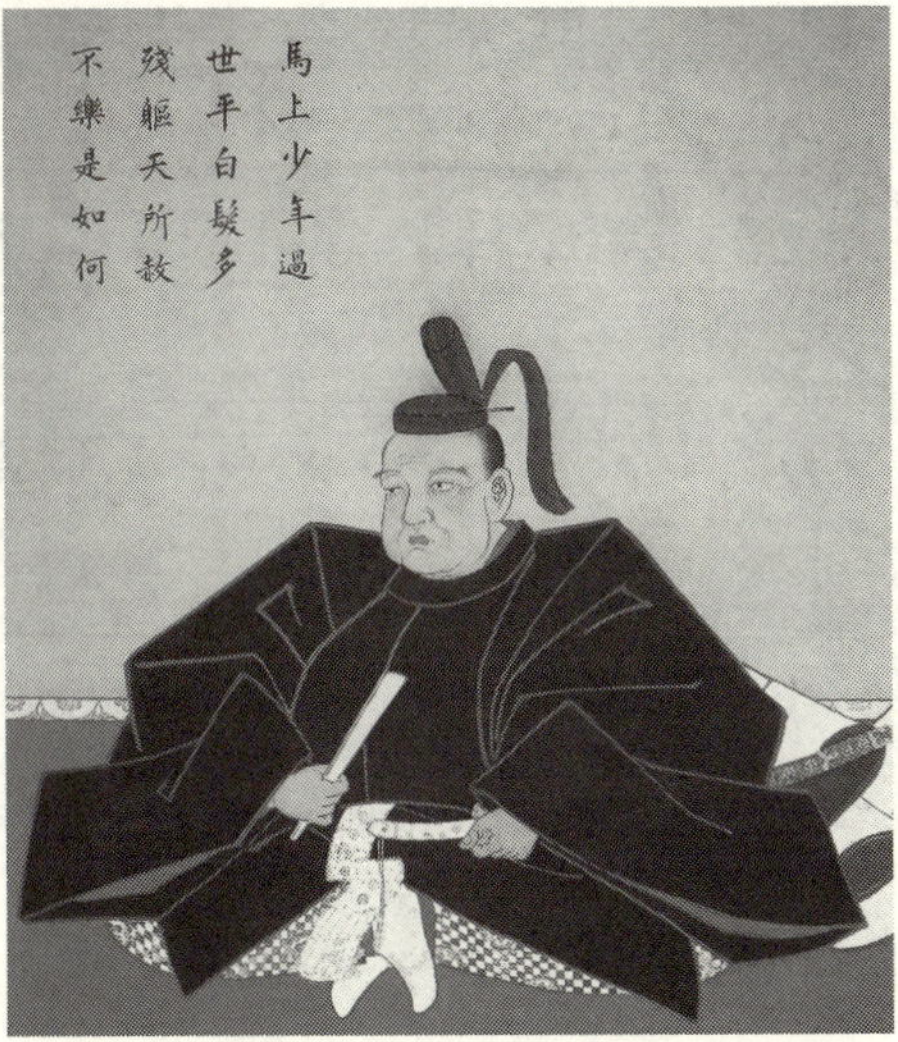
馬上少年過
世平白髮多
残躯天所赦
不樂是如何

伊達政宗肖像（仙台市博物館蔵）

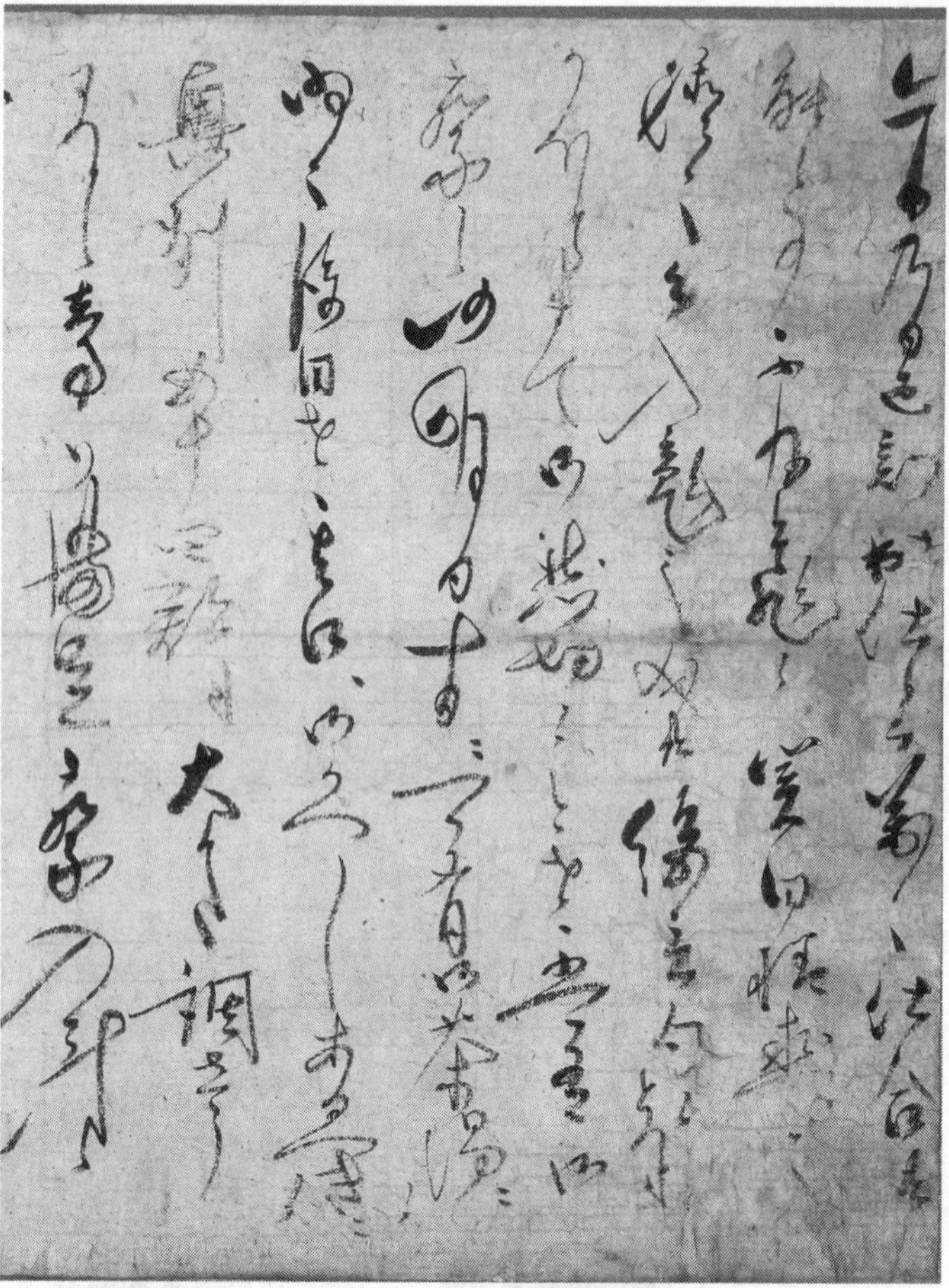

（宮城県図書館蔵）

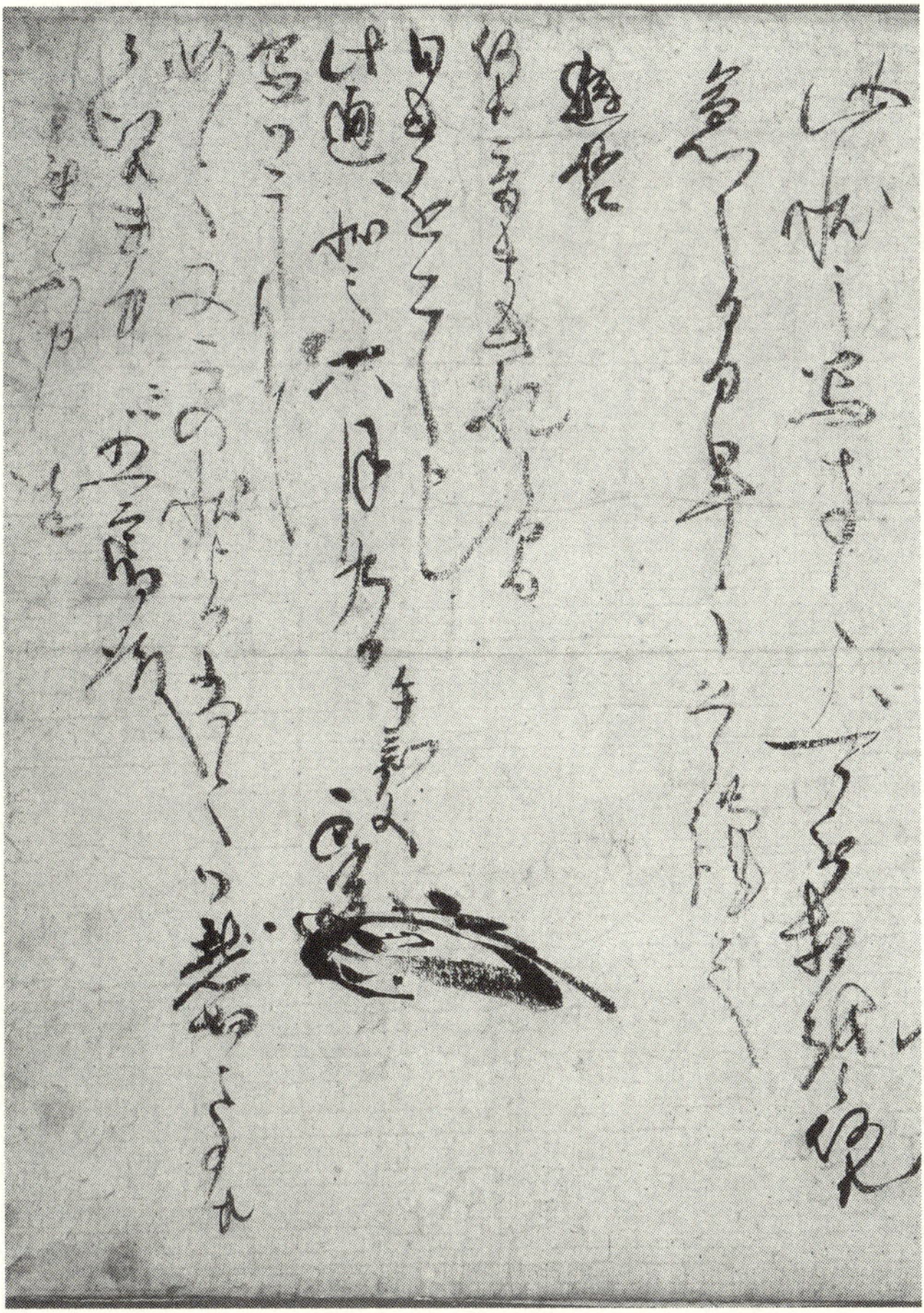

〔翻刻〕

今日九日巳刻出仕候而萬々仕合共
能候こと不及是非候関白様直々
種々御入魂之義共絶言句候とても
かほとまて御懇切候とは不可有御
察候仍明日十日ニ可有御茶湯ニ候
明々後日は其口へ御かへしあるへきニ候
奥州五十四郡も大かた調さう
にて候旁御満足察入計候
此状之写方々へ可被相越候何共
急候間早々恐々謹言
六月九日午刻　政宗（花押）
五郎殿

追啓
何とも取まきれ候間
日きをこし申候

此通へ状之
写御こし候へく候
必々又この状より尚々御懇切之事共
候得共書中ニハ
□□れ不申候以上

〔読み下し〕
今日九日巳《み》の刻出仕候て、万々仕合はせとも能《よ》く候こと、是非に及ばず候。関白様直々、種々御入魂《ごじっこん》の義とも、言句を絶し候。とてもかほどまで御懇切候とは、御察し有るべからず候。仍《よっ》て明日十日に御茶の湯有るべきに候。明々後日は其口へ御かへしあるべきに候。奥州五十四郡も大かた調ひさうにて候。旁《かたがた》御満足察し入るばかりに候。此の状の写し、方々へ相い越さるべく候。何とも急ぎ候間、早々、恐々謹言
六月九日午《うま》の刻　政宗（花押）
五郎殿
追啓。
何とも取り紛れ候間、日き（記）を越し申し候。此の通りへ状の写し御越し候べく候。必々、又こ

の状より尚々《なおなお》御懇切の事共候へども、書中には□□れ申さず候。以上。

〔現代語訳〕

今日九日巳の刻（午前九時〜十一時）、出仕してすべてうまくいって何もいうことはない。関白秀吉様が直々に接してくれて昵懇《じっこん》にしていただき、言葉にはいいあらわせない。とてもこれほどまで懇切にしてくれるとは、そなたも推察できなかったであろう。明日十日には茶の湯に招かれている。明々後日には黒川への帰国が許されることになった。奥州五十四郡の仕《し》置《おき》も、大方、こちらの希望通りになりそうである。皆もきっと満足するにちがいない。この書状の写しを方々の関係者に送ってほしい。何とも急いでいるので早々、恐々謹言。

追伸。何とも取り紛れているので、送り先を記した日記を添えておく。この通り、この書状の写しを送ってほしい。ここに書いた以上にいろいろと懇切にしてもらったが書ききれない（□□の部分は擦れて判読不能であるが、このように推測した）。以上。

小田原行き

この書状は伊達政宗の自筆書状で、7章の前田利家書状に関係する。六月九日は天正十八年（一五九〇）の六月九日で、秀吉の小田原攻めにあたり、政宗が小田原に参陣したときのものである。

宛名の五郎というのは、政宗の一族で、重臣の一人でもあった伊達成実《しげざね》のことである。略系図にすると、

稙宗《たねむね》―┬―晴宗《はるむね》―輝宗《てるむね》―政宗
　　　　　　└―実元《さねもと》―成実

のようになり、政宗の祖父晴宗の弟実元の子で、年齢は政宗より一つ下といわれている。

天正十八年六月九日、政宗が小田原攻めの最中の秀吉の陣所である石垣山城普請現場で秀吉に謁見した直後、その模様をまっ先に成実に知らせたのにはわけがあった。成実は、政宗の小田原参陣に最後まで反対していたからである。

成実は猛将として知られていた。天正十三年（一五八五）の小手森《おでもり》城攻めのとき、城主大《おお》内定綱《うちさだつな》が城を捨てて脱出してしまったのにもかかわらず、城兵はよく守っていた。それを成実が攻め、閏八月二十七日に落としているが、そのとき、成実は城中にいた男女八百人を生け捕りにし、しかもそれを皆殺しにしているのである。

政宗には、子どものころからの傅役《もりやく》であった片倉《かたくら》小十郎景綱《かげつな》が重臣として帷幄《いあく》にあったが、

片倉景綱と伊達成実が政宗の両腕となっていた。しかし、秀吉の小田原参陣要求に際し、この両腕ともいうべき二人の意見が割れていたのである。

片倉景綱は、秀吉に関する情報を集め、それら情報を総合的に判断して、「秀吉と戦っても勝ち目はない」と冷静に考え、小田原参陣によって、伊達家の家名存続をはかろうとした。ところが、猛将伊達成実の方は、秀吉への屈服を意味する小田原参陣の命令を拒絶することを主張していた。「小田原城の北条氏とともに秀吉軍と戦おう」というのである。重臣の二人の意見が割れ、政宗としても決しかね、ずるずると日が経過していった。

その間にも、秀吉の家臣木村吉清《よしきよ》や浅野長政らから矢のような催促が届けられており、結局、天正十八年三月二十五日、政宗は黒川城に重臣を集め、評議の結果、小田原参陣を決断し、翌二十六日、そのことを秀吉に伝えるための使者として守屋《もりや》守柏斎《しゅはくさい》と小関重安《しげやす》の二人が遣わされている。政宗の黒川城出発は四月六日と発表された。

ところがその直後、政宗毒殺未遂事件と、それに連動する形の政宗による弟竺丸誅殺《じくまるちゅうさつ》事件がおこり、四月六日の予定は大幅に遅れ、実際に出発したのは四月十五日になっていた。小田原では、すでに豊臣軍による小田原城包囲がはじまっている段階である。このとき、政宗には片倉景綱がつき従い、黒川城の留守は成実が守ることになった。

政宗一行は西へ向かったが、途中まで進んだところで再び黒川城へもどっている。この行動について書かれたものはないが、黒川城における不穏な動きを政宗が察知したためではないかといわれている。

つまり、三月二十五日の評定《ひょうじょう》によって小田原参陣ということに決まったが、その政宗が小田原に向かった留守に、黒川城の留守を守っていた成実が評定の決定に異を唱えはじめたというのである。直前まで政宗自身も迷い、家中において、参陣派、徹底抗戦派の意見対立があったわけで、参陣と決まり、出発してみたものの、参陣反対の動きがくすぶり続けていたことは十分考えられるところである。

参陣のレポート

一度、黒川城にもどり、参陣反対派を鎮め、あらためて黒川城を出発したのは五月九日となってしまっていた。しかも、北条氏とは手を切って小田原参陣をするというわけなので、北条氏の所領を通ることができない。越後の上杉領を通り、信濃経由で小田原に向かったので時間もかかり、結局、小田原に到着したのは六月五日であった。

政宗はすぐ秀吉への謁見を望んだと思われるが、秀吉はそれを許さず、政宗は小田原から箱根《はこね》へ向かう途中の底倉《そこくら》というところに押し込められてしまった。幽閉である。片倉景綱は斬り死にも覚悟したというのだから、かなり切迫した状況だったと思われる。

底倉に幽閉中、詰問使として政宗のもとを訪れたのが前田利家・浅野長政・施薬院全宗らであった。７章の文書でみたように、政宗はその以前から前田利家とは書状のやりとりをしており、このことが政宗にとっては幸いした。しかもそのとき、政宗は、「死ぬ前に一度でもいいから天下に名だたる千利休《せんのりきゅう》のたてた茶を飲んでみたい」といっており、その声が秀吉にも伝わったという。秀吉は、危機に臨んでそのような申し出をする政宗の度量の大きさと、田舎育ちに似ぬ風雅をほめ、死一等を減じたとさえいわれている。

さて、そこでこの六月九日付の書状にもどるわけであるが、九日の朝、秀吉に謁見した。書状には場所のことが書いてない。しかし、石垣山城の普請現場だったことが他の史料から明らかである。

ここで注目されるのは、早速、十日の茶会に招待されていることである。しかも、そのあと、「其口へ御かへしあるへきニ候」と書かれている。其口とはこの書状の宛名五郎、すなわち成実のいるところの意味なので、「黒川城にもどることが許された」としている。九日に政宗が秀吉に謁見したとき、秀吉から仕置に関しては細かい話はなかったようである。それは、文中、「奥州五十四郡も大かた調さうにて候」と記していることからうかがわれる。「参陣したのだから、それまで通りの支配も許されるだろう」と楽観していたのかもしれない。

参陣に反対を唱えてきた成実に、「大方こちらの希望通りになった。皆も満足してくれるだろう」といわば勝利宣言をしたのがこの第一報であった。うしろの「追啓」、すなわち追伸のところで、写しを送るべき「日記」まで添えているあたりに、政宗のこのときの「してやったり」といった気持ちが伝わってくる。ちなみにこの「日記」とは名簿のことであろう。

ただ、「奥州五十四郡も大かた調さうにて候」と、本領がそのまま安堵されるだろうとの希望的観測にもかかわらず、結果的にはそうはならなかった。やはり、政宗が「惣無事令」に違反する形で切り取った所領、すなわち、会津・岩瀬《いわせ》・安積《あさか》三郡は没収され、二本松《にほんまつ》・塩松《しおのまつ》のみが安堵されることになり、当然、新しく居城とした黒川城も接収され、もとの米沢城にもどることになった。

六月十四日、小田原をあとにして、政宗が黒川城にもどったのは二十五日のことである。そして、政宗が黒川城にもどって少したった七月五日、小田原城の北条氏直が降伏し、ここにおよそ三ヵ月にわたる小田原攻めが終わることになった。

11

徳川家康起請文——上杉謙信への接近

徳川家康三方ヶ原戦役画像（名古屋市・徳川美術館蔵）

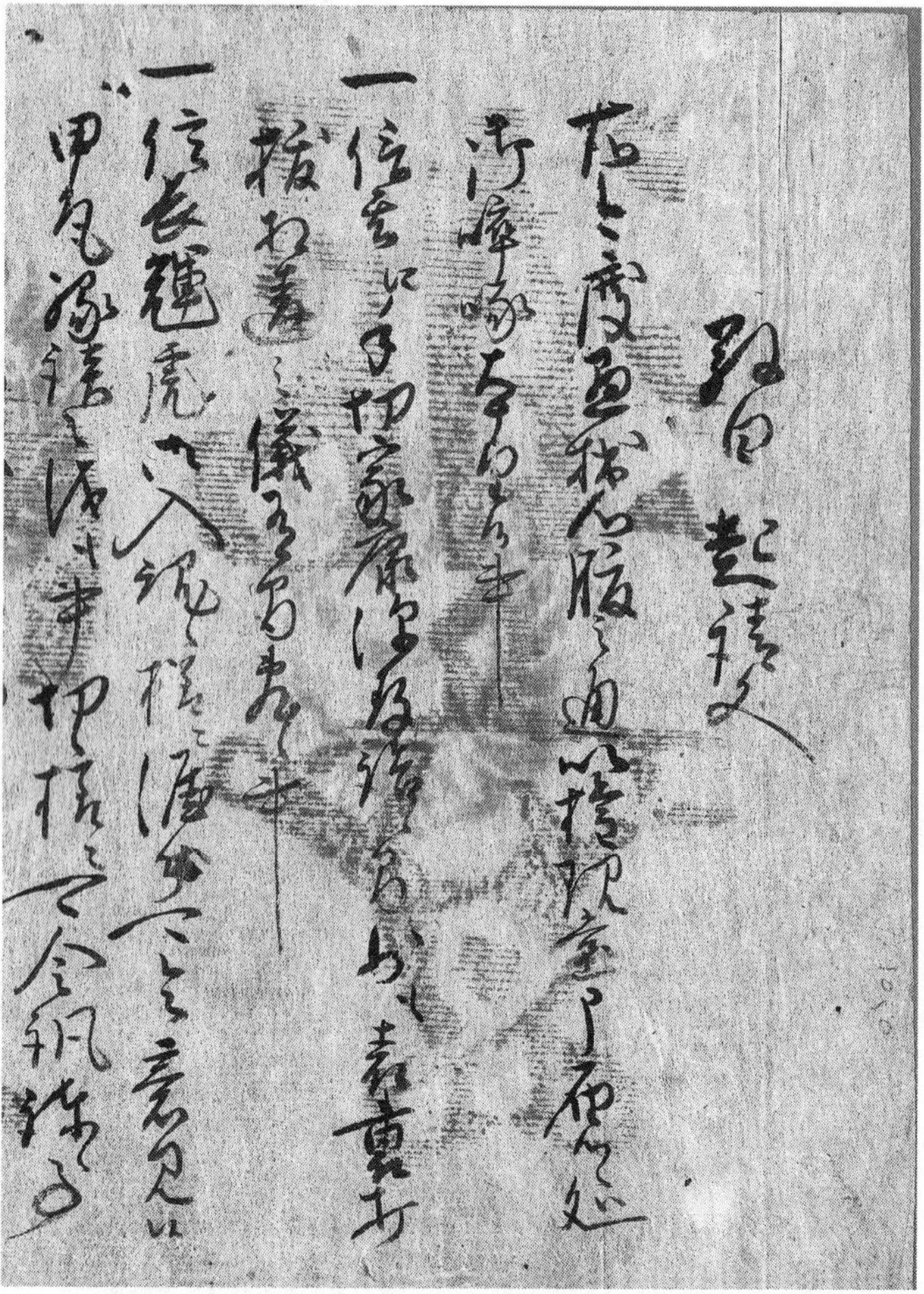

（米沢市上杉博物館蔵）

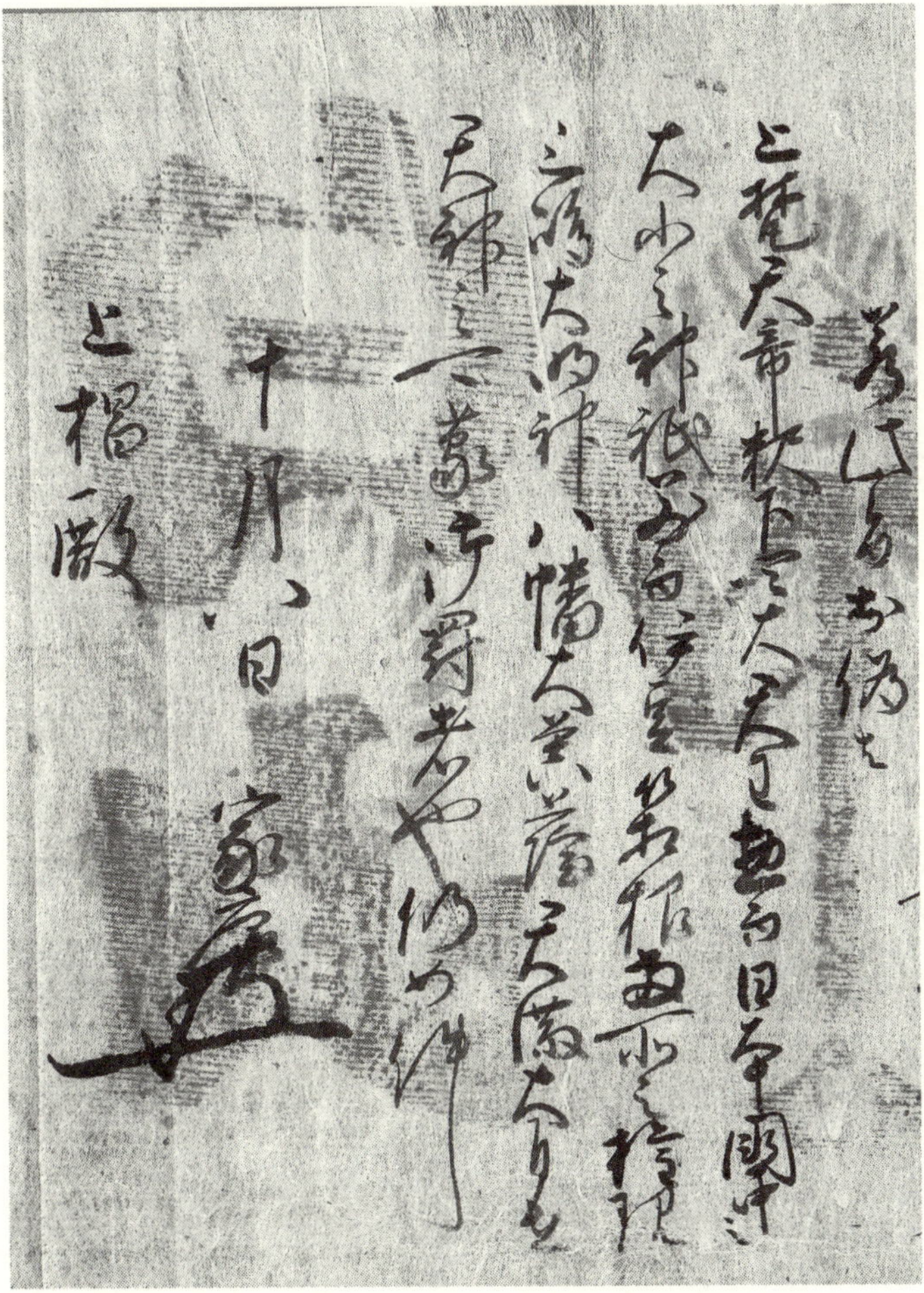

〔翻刻〕

敬白　起請文

右今度愚拙心腹之通以権現堂申届候処
御啐啄本望候事
一信玄江手切家康深存詰候間少も表裏打
抜相違之儀有間敷候事
一信長輝虎御入魂候様ニ涯分可令意見候
甲尾縁談之儀も事切候様ニ可令諷諫候事
　若此旨於偽者
上梵天帝釈下四大天王惣而日本国中之
大小神祇別而伊豆箱根両所之権現
三嶋大明神八幡大菩薩天満大自在
天神之可蒙御罰者也仍如件

十月八日　　家康（花押）

上椙殿

〔読み下し〕

敬白《けいびゃく》す　起請文

右、今度愚拙心腹の通り、権現堂を以《もっ》て申し届け候処、
御啐啄《そったく》本望に候事。
一、信玄へ手切れ、家康深く存じ詰め候間、少も表裏打
抜相違の儀有るまじく候事。
一、信長・輝虎《てるとら》御入魂《じっこん》候様に、涯分《がいぶん》意見せしむべく候。
甲・尾縁談の儀も、事切れ候様に諷諫《ふうかん》せしむべく候事。
　若《も》し此の旨偽るにおいては、
上は梵天帝釈《ぼんてんたいしゃく》、下は四大天王、惣じて日本国中の
大小神祇《じんぎ》、別して伊豆・箱根両所の権現、
三嶋《みしま》大明神、八幡大菩薩《はちまんだいぼさつ》、天満大自在
天神の御罰を蒙《こうむ》るべき者也。仍《よっ》て件《くだん》の如し。

　　十月八日　　　家康（花押）

上椙殿

〔現代語訳〕

謹んで起請文を提出します。

今度、私が思っていることを包み隠さず、権現堂を使者として申し届けましたところ、御理解をしていただき、本望に存じます。

一、信玄への手切れについては、この家康、深く考えていたところで、少しも嘘偽《うそ》りはありません。

一、信長と輝虎の同盟が成りますよう、私からも信長に意見致します。甲・尾の縁談についても、それが成立しないよう私から信長に諫言《かんげん》致します。

もし、この旨を偽るようなことがあれば、上は梵天帝釈、下は四大天王、すべての日本国中の大小神祇、特に、伊豆・箱根両所の権現、三嶋大明神、八幡大菩薩、天満大自在天神の御罰を蒙る覚悟です。

十月八日　　家康（花押）

上椙殿

遠江をめぐる争い

これは書状ではなく、起請文である。白山《はくさん》権現の牛王宝印《ごおうほういん》紙に書かれている。年次の記載はないが、元亀元年（一五七〇）十月八日付である。

宛名の上椙殿は上杉殿、文中にみえる「輝虎」のことで、上杉謙信のこと。つまり、この起請文は、徳川家康が上杉謙信との同盟に動きだしたとき出したものであった。家康は織田信長との間に清須《きよす》同盟を結んでいたが、ここにきて、謙信との同盟締結を模索しはじめた。その背景に、武田信玄との微妙な関係があったのである。

この起請文提出の二年前、永禄十一年（一五六八）十二月、家康は信玄と結んで、間に挟まれた今川氏真を同時に攻めている。このとき、信玄が駿河を占領し、家康が遠江を占領、家康の領国はそれまでの三河から遠江にまで広がったわけである。

信玄と家康との間に同盟が結ばれた形跡はなく、このときの軍事行動は、今川氏を滅ぼすという目的での単なる共同行動との印象が強い。しかし、その信玄はそのころ信長と同盟関係にあり、信長と家康とは清須同盟で結ばれているので、直接の同盟ではないものの、間接的には同盟関係にあったような形である。

直接の同盟関係になかったことにより、今川氏を滅ぼした直後から、信玄・家康の関係は一触即発の状態となっていた。武田軍が駿河・遠江の国境を流れる大井川《おおいがわ》を越えて遠江に侵攻をはじめ、また、信濃からも遠江との国境青崩峠《あおくずれとうげ》を越えて侵攻しはじめたことで、家康は信玄に対する不信感を抱くに至った。

青崩峠　信濃と遠江の国境

江戸時代に書かれた徳川方の史書はすべて、これらの行動を信玄の悪業として記している。それは、今川氏真を攻めるとき、「信玄が駿河を、家康が遠江を取る」という駿遠《すんえん》分割領有の密約があったとするからである。たしかに、そうした密約があったとすれば、遠江にまで進出してきた信玄に非があるわけであるが、江戸時代の徳川方史書はいわゆる「神君中心史観」で書かれているので、駿遠分割領有の密約というのも、どこまで本当なのかは不明である。もしかしたら、「東西から同時に今川領に攻め込もう」といった程度の約束だったかもしれない。

家康は、信玄の軍事的脅威にさらされる形となった。元亀元年（一五七〇）、家康は遠江支配を確実なものとするため、それまでの本拠三河の岡崎《おかざき》城から遠江に城を移そうとし、はじめ選定したのは見付《みつけ》（磐田市）であった。そこは、かつて遠江の国府があったところで、遠江守護だった今川氏も守護所を置いており、政治上の中心だったからである。

ところが、築城開始後、信玄との関係はさらに悪化し、とうとう見付での築城を途中でとりやめ、新しく、引馬《ひくま》（引間・曳馬とも書く）に城を築き、浜松城としている。これは、見付だと、西に天竜川《てんりゅうがわ》が流れており、信玄に攻められたとき、天竜川が邪魔になるというか、危険だと判断したからである。いわゆる「背水の陣」を嫌ったことになる。浜松城だと、天竜川が城の東を流れるので、武田軍が攻め寄せてきた場合、天竜川が自然の堀になるという考えである。

謙信との同盟

家康はこの時期、だいぶ悩んだものと思われる。その苦悩がこの起請文にあらわれている。とにかく、信玄と信長は同盟関係にあるし、自分も信長とは同盟関係にあるわけなので、信玄の脅威をどう取り除いたらよいか考えに考えたものと思われる。そこで考えだしたのが、なんと、信玄のライバルである謙信と結ぶという手であった。

家康は前年、すなわち永禄十二年（一五六九）のはじめころから、この起請文にも名前が出た権現堂（叶坊光播《かのうぼうこうはん》）を使者として謙信と連絡をとっていたが、ついに、起請文を出して謙信との同盟に踏みきっている。

一条目で、はっきりと信玄との手切れを表明し、二条目で、「信長にも信玄と手を切るよう働きかける」といっている。ここに「甲尾縁談之儀」とあるのは、ちょうどこのころ、信長と信玄の間で縁談が進んでいたからである。このことについては少し説明が必要かもしれない。

信長は、相手が自分より強いと判断したとき、無理に戦うことをせず、下手に出るということがよくある。信玄との関係は特にそうである。永禄八年（一五六五）十一月、信長は姪《めい》を養女として信玄の四男勝頼に嫁がせていた。ところが、彼女は同十年、勝頼の子を生みながら、難産のため死んでしまったのである。これによって手切れになることを懸念した信長が、今度は、自分の長男信忠《のぶただ》に信玄の娘を嫁に迎えたいといいだした。これが文中にみえる「甲尾縁談之儀」である。これによっても、信長は信玄との同盟をまだ維持したいと考えていたことがわかる。

家康は、その「甲尾縁談之儀」を破談にするよう信長に「諷諫」するというのだから、かなりの決意で臨んでいたことがわかる。信玄・信長の関係では信玄は信長に対して軍事行動をしかけることはしていない。それは、同盟関係にあったためではあるが、もう一つ、信長の力が強くなってきて、簡単には攻められないという思いがあったからと思われる。

その点、信玄からみれば家康は弱く、組みしやすいとみたのであろう。信玄も、家康が信長の同盟者であることは承知していたはずで、それでもなお家康を攻めようとしたのは、文字通り、弱肉強食の論理が働いたものと思われる。

三河・遠江二ヵ国の大名に成長した家康は、信長との同盟は当然維持するつもりであったが、それだけでは信玄の脅威に太刀打ちできないとの思いがあり、藁《わら》をもつかむ思いで謙信との同盟締結に動いたわけである。

このとき、家康は、同日付で謙信の重臣筆頭直江大和守景綱に「取次ぎをよろしくお願いします」との書状を出している。同じく「上杉家文書」にあるので、つぎに原文のまま引用しておく。

雖未申付候、得今度之便、啓入候。抑《そもそも》輝虎御内証之条々、被載書候。一々令納得候。毎篇河田豊前守へも申達候。越中在国故、自貴辺承之由、祝着存候。向後可申入候。涯分可被走回事肝要候。自貴国被仰越候段、具附与御使僧候。定而淵底可被申宣候。委曲期再便之時候。恐々謹言
十月八日　　家康（花押影）

直江大和守殿

直江大和守景綱の娘がお船で、樋口《ひぐち》与六がその婿に入って直江兼続になったことはよく知られている。ふつう、このころの書札礼《しょさつれい》、すなわち、書状のやりとりのルールでは、大名は大名同士、家臣は家臣同士で書状のやりとりをするのが一般的で、このときも、家康の「両家老」などといわれた酒井忠次《ただつぐ》か石川数正《いしかわかずまさ》あたりから直江景綱に書状が出されるところである。しかし、このときは、家康が自ら謙信の家老にこのような書状を出していたわけで、家康の切羽つまった状況を物語っているといってよい。

三方原の戦い

家康としては、謙信との同盟締結を秘密裡《ひみつり》に進めたつもりだったが、その動きは信玄側の知るところとなり、翌元亀二年(一五七一)三月には、信玄が自ら大軍を率いて遠江の高天神城攻めに向かってきた。しかし、このときは、掛川《かけがわ》城・久野《くの》城・犬居城などの遠江の城を視察する形で信州の飯田に引きあげている。

ところが、家康が安堵したのもつかの間で、今度は、伊那口から三河に侵入してきた。信玄と同盟関係にある信長は、これ以上信玄を刺激してはまずいと判断し、家康に対し、「浜松城を放棄し、三河の吉田城まで退いた方がよい」と勧告している。それに対し家康は、「浜松城を退くくらいなら武士を捨てる」といって浜松城死守の決意を述べているのである。

ただ、家康が謙信と同盟を結んだといっても、信玄との戦いに、謙信から援軍がくることを期待するのは無理であった。三河・遠江と越後では距離が離れすぎていた。結局、翌三年(一五七二)十二月、家康は信玄に攻められ、三方原の戦いで大敗北を喫することになる。

では、家康にとって、謙信との同盟は無駄なことだったのだろうか。たしかに、信玄の軍事行動を牽制《けんせい》させるという家康のもくろみからすれば、この同盟は意味をもたなかったわけであるが、もう少し長いスパンで、つまり、信長の勢力伸張という視点でみると、決して無駄な動きではなかった。

三方原の戦いのとき、信長は兵三千を家康のもとに援軍として送っている。当然、そのことは信玄も知り、ここに、甲尾同盟は決裂する。つまり、家康が謙信にこの起請文で申し送った二点、信玄・信長の手切れ、「甲尾縁談」の破綻《はたん》という事態となり、その後、信玄死後の武田勝頼と信長・家康の対立という構図ができあがることになる。

そしてもう一つ注目されるのが、このあと、信長と謙信が同盟を結ぶという動きになっている点である。天正二年(一五七四)には、信長から謙信に狩野永徳《かのうえいとく》が描いた「洛中洛外図《らくちゅうらくがいず》屛風《びょうぶ》」が贈られている。

12

明智光秀自筆書状——光秀の発言力

明智光秀肖像（大阪府岸和田市・本徳寺蔵）

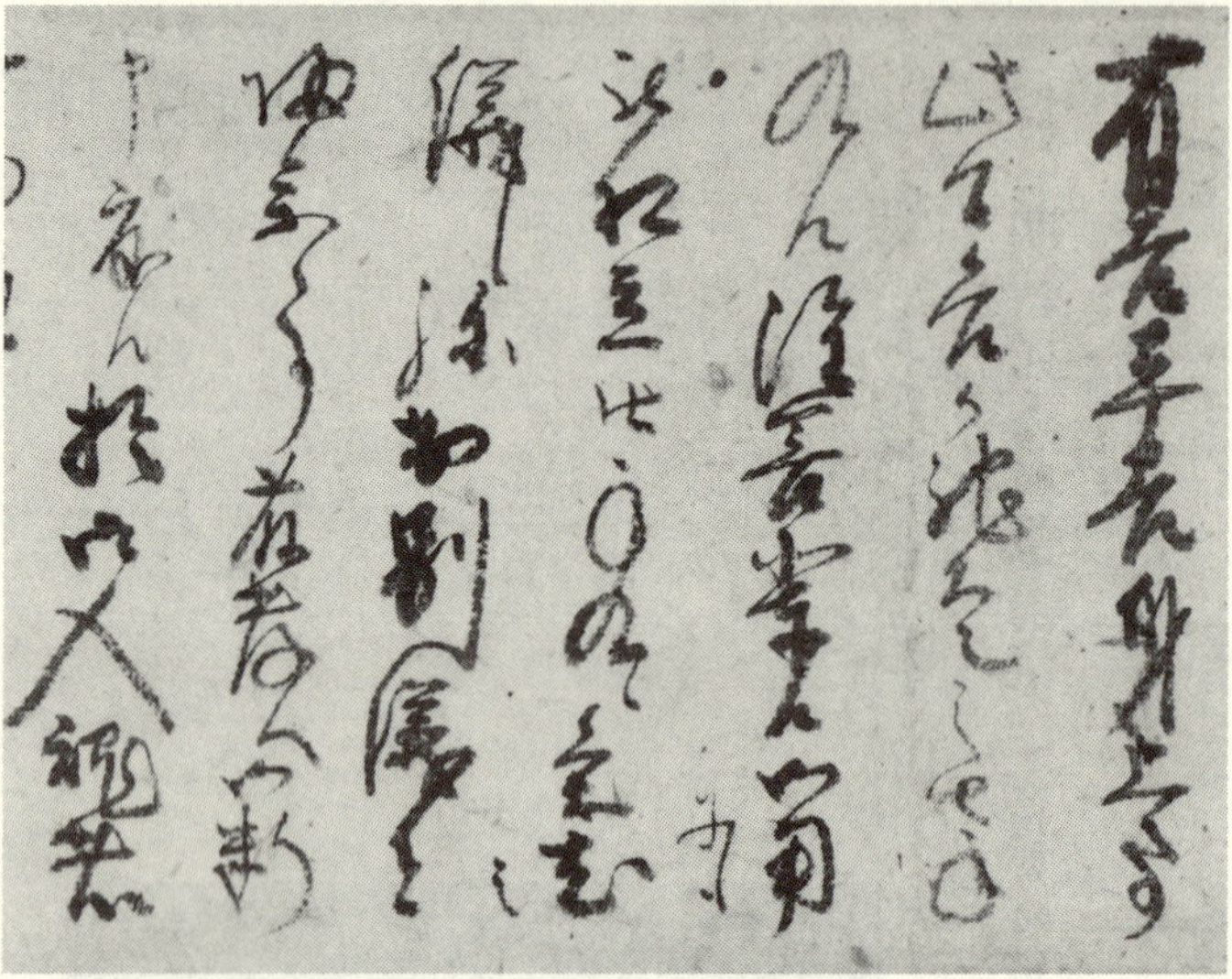

（大阪城天守閣蔵）

〔翻刻〕

有吉平吉身上之事

此間各御馳走之由承

及候雖若輩候御用にも

被相立由承及候条、尤之

儀候弥於別儀者

帰参之事藤孝へ御断

中度候於御入魂者

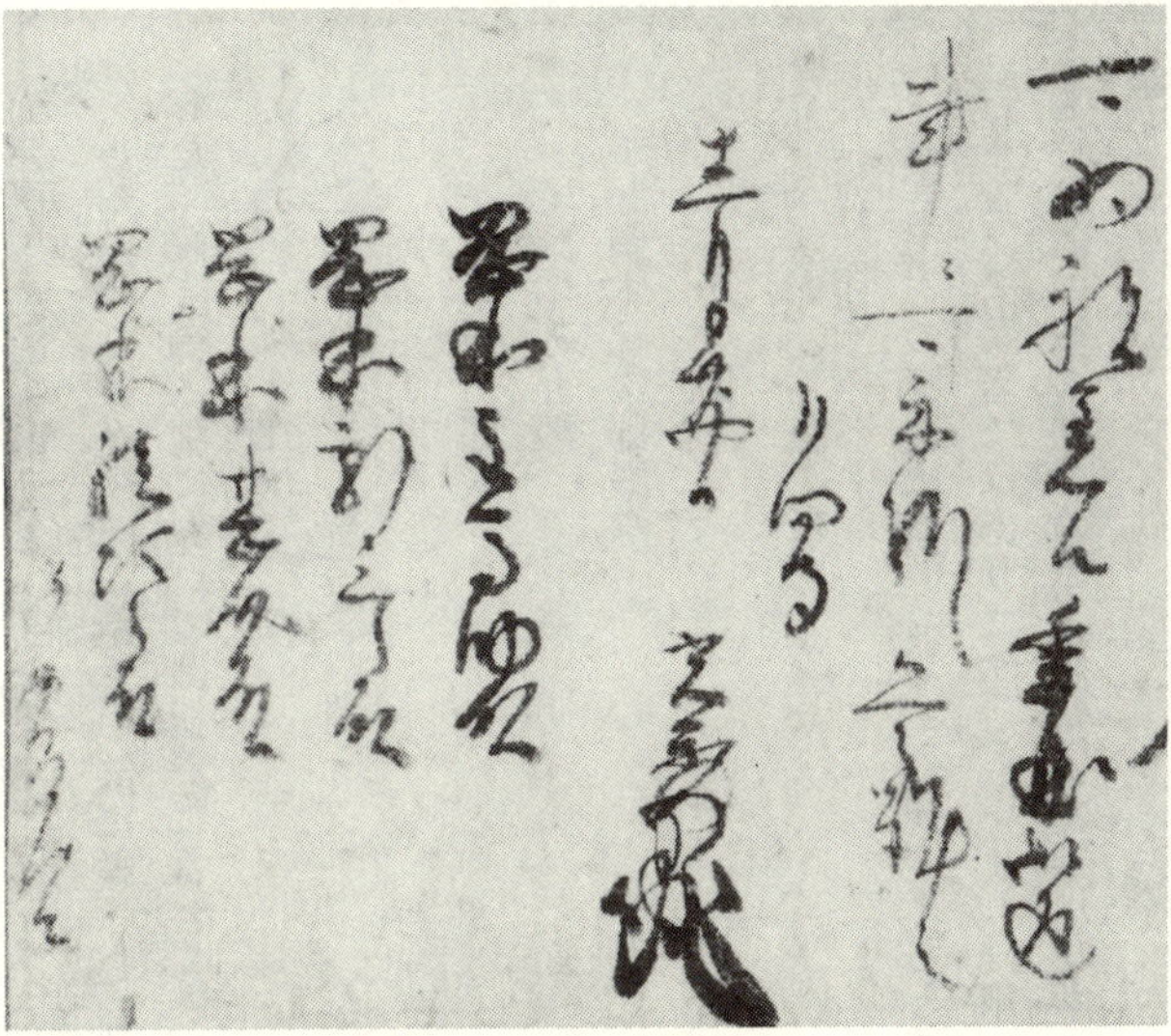

可為祝着候委曲御返
事ニ可示給候恐々謹言
日向守
十二月廿四日　光秀（花押）
岡本主馬助殿
岡本新三郎殿
岡本甚介殿
岡本孫次郎殿
御宿人々

〔読み下し〕

有吉平吉《ありよしへいきち》身上の事、此の間、各《おのおの》御馳走《ごちそう》の由承《うけたまわ》り及び候。若輩に候と雖《いえど》も、御用にも相立てらる由承り及び候条、尤《もっと》もの儀に候。弥《いよいよ》別儀においては、帰参の事、藤孝《ふじたか》へ御断わり申したく候。御入魂においては祝着たるべく候。委曲《いきょく》御返事に示し給ふべく候。恐々謹言

十二月廿四日　日向守《ひゅうがのかみ》光秀（花押）

岡本主馬助殿
岡本新三郎殿
岡本甚介殿
岡本孫次郎殿
御宿人々

〔現代語訳〕

有吉平吉の身上について、この間、そちらで世話になっていることをうかがいました。有吉平吉は若輩者ではありますが、いずれは用にたつ男だとの由、尤ものことと思います。私も特別に、彼の帰参のことについて細川《ほそかわ》藤孝に説得してみたいと思います。そういうわけな

ので、これからも面倒をみていただければうれしく思います。くわしいことはまた御返事します。

光秀の来歴

明智光秀の自筆とされている文書の一通である。光秀は天正三年（一五七五）に日向守になっているので、この文書もそれ以降であるが、それ以上年代をしぼることはできない。この書状の解説に入る前に、文中に出てくる細川藤孝と光秀の関係について少し説明を加えておきたい。

光秀が美濃の守護・守護大名だった土岐《とき》氏の一族だったことはよく知られている。ところが、弘治二年（一五五六）四月の、斎藤道三《さいとうどうさん》とその子義龍《よしたつ》が戦った長良川《ながらがわ》の戦いの余波で、道三側だった光秀の父光綱《みつつな》（光隆とも）の居城明智城が義龍勢に攻め落とされ、光秀は各地を流浪し、結局、越前一乗谷《いちじょうだに》の朝倉義景《よしかげ》に仕えている。

朝倉義景に仕える前、一時、十三代将軍足利義輝《あしかがよしてる》に仕えていた可能性もある。それは、永禄六年（一五六三）の「永禄六年諸役人附」（『群書類従』第二十九輯）に、「足軽衆」として「明智」の名がみえるからである。もっとも、この「明智」が明智光秀のことをさしているのか、別な明智を名乗る人なのかはわからないが、のち、義輝の近臣だった藤孝とのかかわりを考えると、光秀が一時、義輝に仕えていたとみることもできよう。

周知のように、義輝は永禄八年（一五六五）、松永久秀《まつながひさひで》らによって殺されているので、光秀はそのあと越前に下り、朝倉義景に仕えるようになったものと思われる。

一方、藤孝は、義輝の弟で、奈良一乗院門跡《いちじょういんもんぜき》となっていた覚慶《かくけい》について、近江から若狭《わかさ》、若狭から越前へと足をのばし、そこで光秀と出会うことになる。覚慶は還俗《げんぞく》し、はじめ義秋《よしあき》、ついで義昭《よしあき》と名乗り、朝倉義景の援助を得て将軍になる夢を描いていた。

ところが、そのころ義景は小宰相《こざいしょう》という女性に心を奪われ、政治・軍事から遠ざかっており、義昭・藤孝が「早く上洛を」とせっついても動く気配はなかった。

そこに助け舟を出したのが光秀である。光秀は「尾張《おわり》・美濃の織田信長の力をかりたらどうでしょうか」といい、「自分がその橋渡し役をしてもいい」と申し出ている。信長の正室濃姫《のうひめ》が光秀といとこの関係だったからである。

光秀が義景に仕える前、足利義輝に仕えていたとすれば、藤孝とは旧知の間柄となる。仮にそうではなかったとしても、早く義昭を将軍につけたいと考える藤孝にしてはこの光秀の申し出は文字通り「渡りに舟」であった。早速、光秀のお膳《ぜん》だてで、美濃の信長のもとに招かれることになり、永禄十一年（一五六八）九月二十六日、義昭は信長に擁され上洛し、ついに十月十八日、征夷大将軍《せいいたいしょうぐん》に補任《ぶにん》された。

このあと、藤孝の方はそのまま将軍義昭の近臣となるが、光秀は義昭の近臣でありながら、信長の家臣でもあるという複雑な立場であった。

二人の主人を持つことは可能なのかという疑問もあるが、このとき、光秀は信長から知行を与えられ、義昭からも知行を与えられていたことが史料から確実なので、〝両属関係〟にあったといってよい。それが解消され、信長家臣だけになるのは、その後、義昭と信長の関係が悪くなってからである。

天正元年（一五七三）には、信長に反旗をひるがえした義昭が敗れ、追放される形となり、そのころから藤孝も信長の家臣に組みこまれている。同三年の越前一向一揆討伐に加わった藤孝に対し、信長から丹波国の一部が宛行《あてが》われ、その年の丹波内藤定政《ないとうさだまさ》攻めには、光秀とともに藤孝・忠興《ただおき》父子も出陣しており、このころから両者の関係はさらに密になっていった。

ちなみに、光秀の娘玉《たま》（ガラシャ）が藤孝の長男忠興に嫁ぐのは同六年（一五七八）八月のことであり、これはよく知られているように、信長お声がかりの結婚であった。

細川藤孝との関係

そうした光秀と藤孝の関係を前提に、あらためてこの書状を読んでみよう。冒頭に名前が出てくる有吉平吉というのは、藤孝の家臣有吉立言《りゅうげん》の子である。いかなる事情があったものかわからないが、平吉が藤孝の不興をこうむり、細川家を離れるということがあった。そのとき平吉の面倒をみたのが岡本主馬助以下の岡本一族の面々である。

　光秀は岡本主馬助らから、平吉が若いにもかかわらずしっかりしていることを聞かされ、帰参できるように藤孝にかけあってみようと約束したときの書状である。

明智藪　明智光秀終焉の地（京都市伏見区）

　これによって、光秀が藤孝の家臣に対しても一定の発言力をもっていたことがわかる。それは、藤孝と光秀が親しい関係だったというだけでなく、藤孝が光秀の与力大名となっていたことも関係していたものと思われる。なお、与力というのは、寄親寄子《よりおやよりこ》制の寄子と同じで、寄騎とも書かれるが、藤孝は光秀の家臣というわけではない。光秀も藤孝も信長の家臣で独立した大名という点では同じレベルにあり、ただ、軍事行動のときなどは、藤孝は光秀の旗のもとで働くことが義務づけられていたのである。

したがって、光秀としても、自分の与力である藤孝の家中で、問題がおこらないよう配慮している必要があったわけで、この有吉平吉の一件もそれに該当するものだったと思われる。

13 上杉謙信書状——少年への手紙

上杉謙信肖像（米沢市上杉博物館蔵）

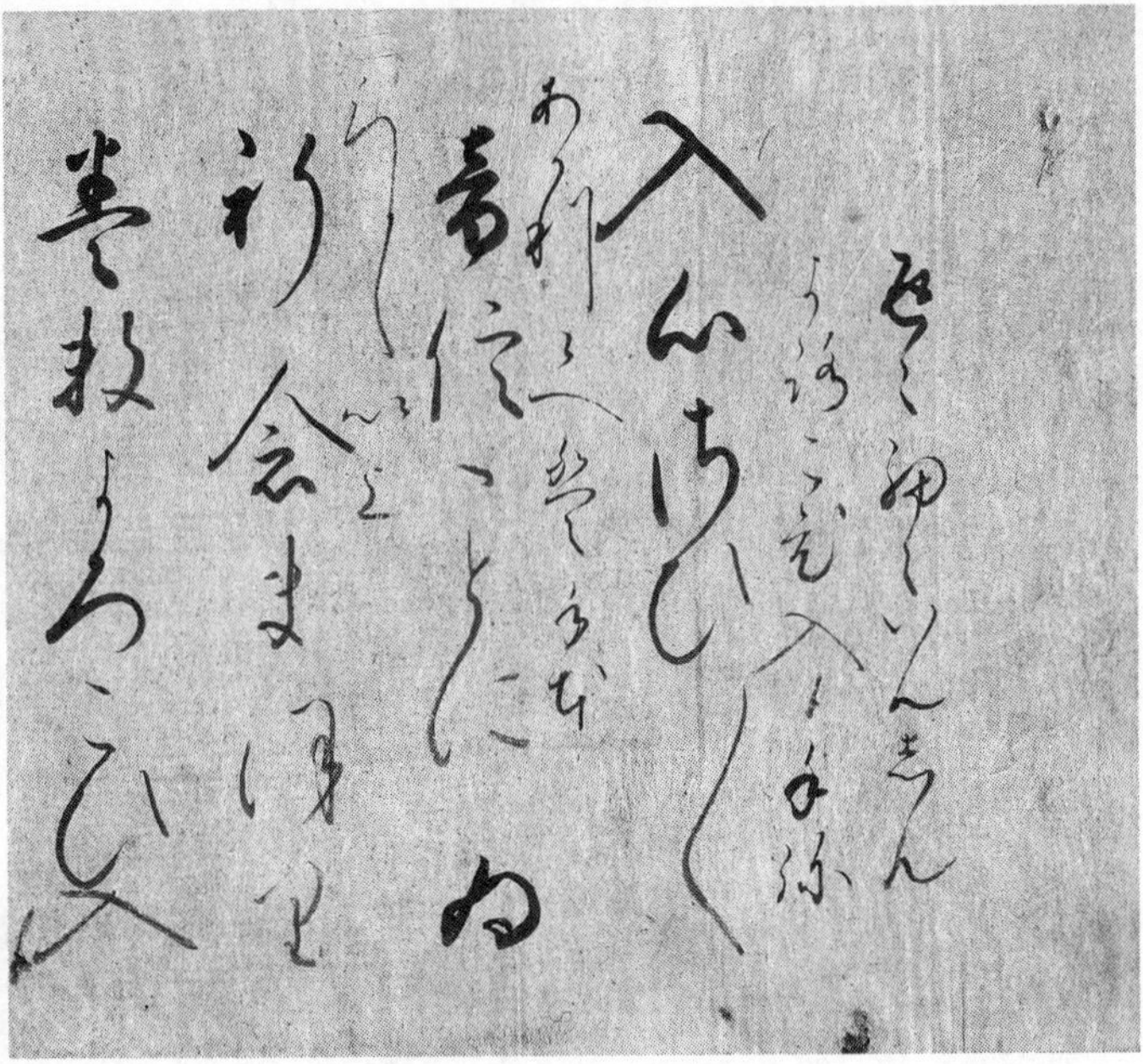

（米沢市上杉博物館蔵）

〔翻刻〕

返々細々いんしん
よろこひ入候手弥
あかり候へは手本
まいらせ候以上
入心さひく
音信ことに為
祈念まほり
巻数よろこひ入候

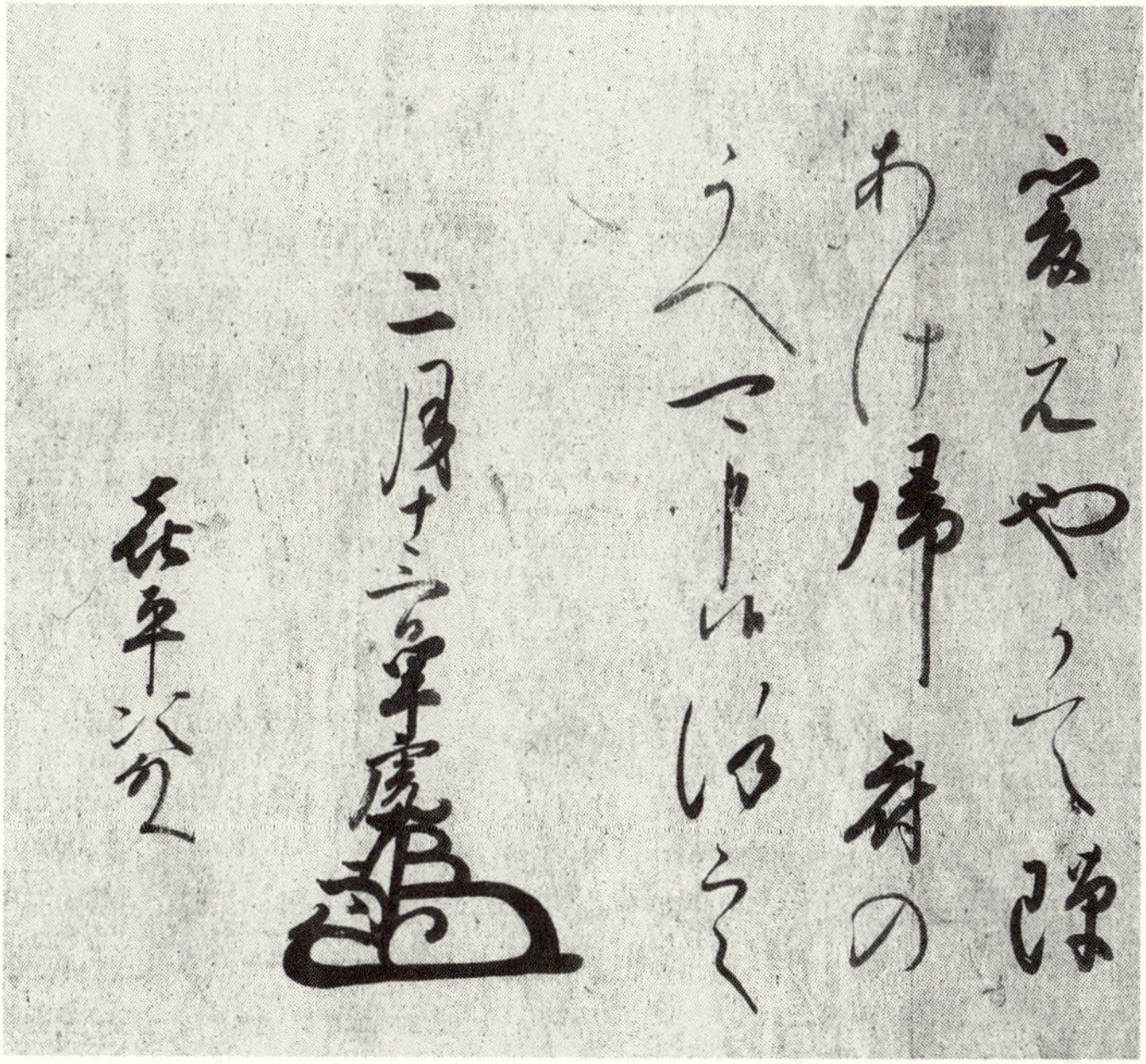

爰元やかて隙
あけ帰府の
うへ可申候謹言

二月十三日　旱虎（花押）

喜平次殿

〔読み下し〕

返々《かえすがえす》細々《さいさい》音信喜び入り候。手　弥《いよいよ》上がり候へば、手本参らせ候。以上。
心を入れ、細々音信、殊に祈念として守り・巻数《かんず》喜び入り候。爰元やがて隙《ひま》あけ、帰府の上申すべく候。　謹言

二月十三日　旱虎（花押）

喜平次殿

〔現代語訳〕

心のこもったお手紙を何度もありがとう。殊に祈禱をしたお守りを送ってくれてうれしく思います。こちらの方はもう少しで暇ができるので、春日山城へもどったらまたいろいろとお話ししましょう。

（追而《おって》書《がき》）付け加えます。何度もお手紙をいただき、よろこんでいます。ますます字が上手になりましたね。字のお手本を送ります。

謙信と養子

差出人の旱虎は「テルトラ」と読んで輝虎、すなわち上杉謙信のこと。宛名の喜平次はそ

の養子となったのちの景勝のことで、出陣中の謙信が景勝に出した書状である。「返々」ではじまる追而書は本文を書いたあと付け加えたもので、文書の袖《そで》（右側）に書かれたのは、そこに余白があったからである。追而書は、「尚々《なおなお》」ではじまることも多いので、尚々書などともいわれる。

二月十三日とあるだけで、年未詳であるが、『越佐史料《えっさ》』の編者は永禄五年（一五六二）に比定している。周知のように、喜平次、すなわち景勝が謙信の養子に迎えられるのは同七年（一五六四）のことなので、五年だと、まだ養子になっていない段階ということになる。喜平次の生いたちと謙信との関係から、そのあたりを探っていきたい。

喜平次が生まれたのは弘治元年（一五五五）である。坂戸《さかと》城主長尾政景の二男として生まれ、母は謙信の姉で、したがって謙信にとっては甥にあたる。

ところが、喜平次の父政景が永禄七年七月五日、居城の坂戸城近くの野尻《のじり》池で琵琶《びわ》島《じま》城主宇佐美《うさみ》定満《さだみつ》と舟遊び中に溺死《できし》するという思いもかけない事態がおこり、喜平次は謙信の保護を受ける形で春日山城に移っている。一般的にはそのとき養子に迎えられたと考えられているのである。

つまり、この書状が永禄五年のものとすれば、謙信はまだ養子に迎えると決めてもいない喜平次と書状のやりとりをしていたということになるわけで、実際のところはどうだったのか一考を要するところである。

というのは、通説では、謙信と長尾政景は長いこと敵対関係にあり、政景の尋常ではない死に方とからめ、謙信が将来邪魔な存在になるであろう政景を宇佐美定満に命じて殺させたとする、憶測をまじえた説も唱えられているからである。

坂戸城跡（新潟県南魚沼市坂戸）

この点で一つ注目されるのは、この書状が出されたと考えられる永禄五年二月の時点では、謙信と政景の関係は修復されていたことである。たしかに、謙信が天文《てんぶん》十七年（一五四八）、兄晴景《はるかげ》を逐《お》う形で春日山城主となったころには、上田《うえだ》長尾氏の当主で坂戸城の城主だった政景はこれを不満とし、謙信に敵対している。同十九年、同二十年には実際両者は干戈《かんか》を交えており一時、敵対関係にあったことはたしかである。

しかし、やがて政景の方から講和を求め、ついには謙信へ臣従する形となり、弘治二年（一五五六）に謙信が出奔し、比叡山《ひえいざん》に向かったときには、政景が家臣を代表してその帰国を要請しており、一門衆の筆頭のような立場となっていたのである。

しかも、永禄五年十一月には、謙信は関東出陣にあたって政景に春日山城の留守を命じている。その政景の子が喜平次で、しかも姉の子でもあるわけで、かわいがっていた可能性はあるのではなかろうか。

謙信はよく知られているように毘沙門天《びしゃもんてん》を信仰していた。出陣前には毘沙門堂に籠もり戦勝祈願をしていたほどである。その呪力《じゅりょく》を強めるためあえて妻帯しなかったといわれている。正室は迎えておらず、側室もいなかった。そのため子どももいない。

戦国大名として、後継者となる子どもがいないことには家が存続しないわけで、謙信もそのことは考えていたはずである。姉と政景との間に生まれた喜平次は早くからその候補の一人にあがっていたと思われる。いつかは養子に迎えようと考え、早い段階から書状のやりとりをし、また、この書状にみえるように、字の上達をほめ、お手本を送ることを約束したりしていたわけである。

「上杉家文書」の中に、「伊呂波尽手本《いろはづくし》」「上杉謙信署名消息手本」「上杉家家中名字尽」と

題する三つの謙信自筆の手本が伝わっているが、これらはいずれも喜平次に宛てた手本である。

この書状が出されたと推定される永禄五年は、喜平次八歳のときのことなので、このうちの「伊呂波尽手本」に該当するのではないかと思われる。実父政景に代わって、まだ養子にもなっていない喜平次にかな手本を渡しているところをみると、謙信は字には相当自信があったものとみえる。たしかに残されたそれらをみると、いかにも近衛《このえ》稙家《たねいえ》から青蓮院流《しょうれんいんりゅう》の書を学んだといわれるだけあって上手である。

「上杉謙信署名消息手本」は、「一筆申遺候」など、消息、すなわち書状に用いられる常套《じょうとう》句《く》を書きあげたもので、これは、喜平次がもう少し年齢がいった十二歳とか十三歳ころに渡したものと思われる。なお、もう一つの「上杉家家中名字尽」は上杉家家臣団の主な部将の名前を書きあげたものである。

北条安芸守

北条丹後守

那波《なわ》次郎

というように、七十七名が書きあげられている。これは末尾に、奥書として、

天正五年十二月廿三日
法印大和尚謙信

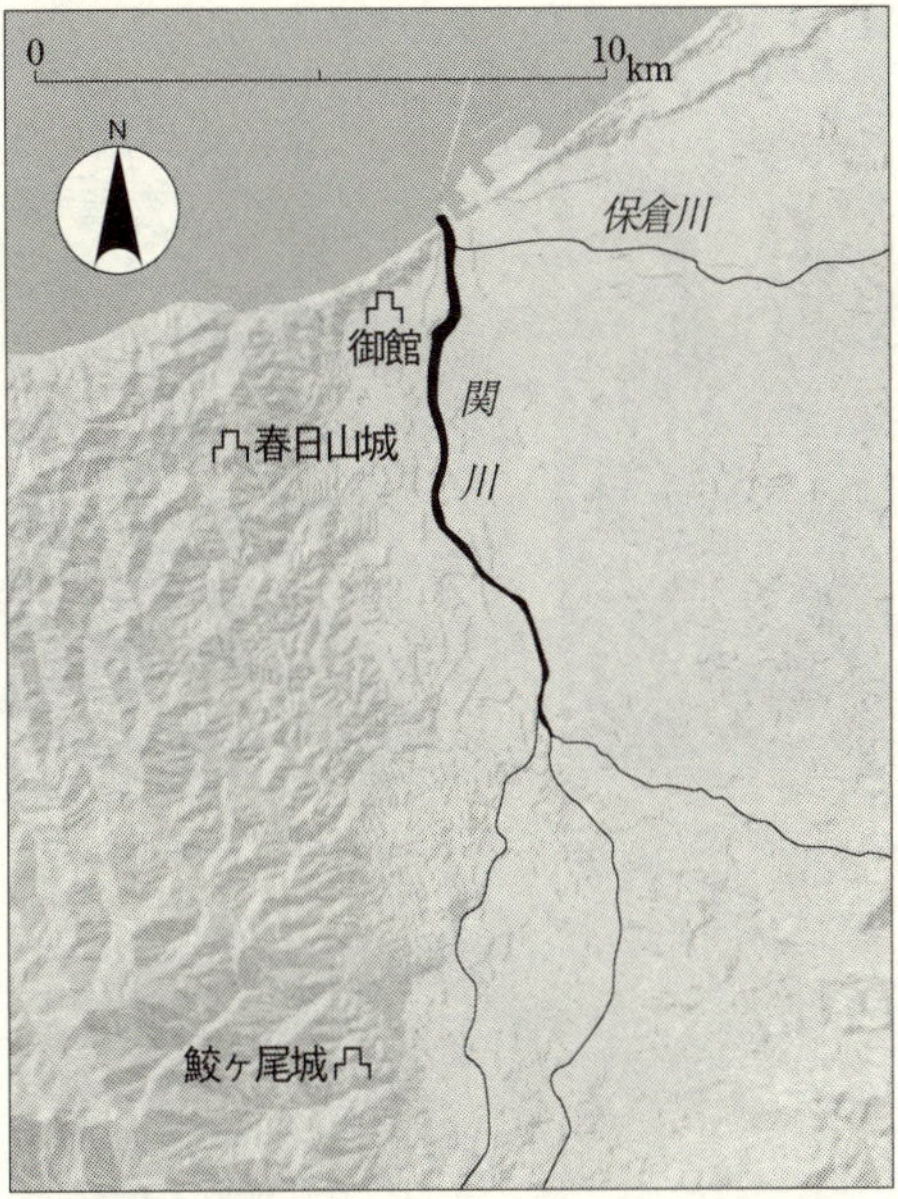

とあり、天正五年（一五七七）のものであることがわかる。喜平次はすでに同三年に加冠して景勝を名乗り、二十三歳の青年武将に成長しており、謙信としても、重臣たちの名を覚えさせ、字もちゃんと書けるようにと配慮したものと思われる。

御館の乱

ところが、その謙信は、この

鮫ヶ尾城跡　城山の山頂にある（新潟県妙高市）

「上杉家家中名字尽」を景勝に渡した翌年、天正六年三月十三日、春日山城で没してしまった。死後、家督をめぐって二人の養子が争う「御館《おたて》の乱」がはじまるのである。

謙信は、喜平次のほか、元亀元年（一五七〇）三月に、相模の北条氏康と同盟を結んだとき、人質として送られてきた氏康の七男三郎を養子に迎えていたのである。しかも、元服させ、元服のとき、自分の若いころの景虎という名乗りも与えていた。景虎と景勝は景虎の方が一歳年長で、景勝の妹を娶《めと》っており、また、生前、謙信はどちらを家督にすると明言していなかったことで、死後、越後を二分する争いに発展してしまったのである。

結局、天正七年（一五七九）三月二十四日、鮫ヶ尾《さめがお》城まで逃れた景虎が自刃し、景勝方の勝利で終わっている。この書状および景勝に与えられた手本をみるかぎり、謙信がかわいがり、後をつがせたいと思っていたのは景勝だったように思われるわけであるが、もしかしたら、景虎の方にもそのようなものが本来与えられていて、のちに、勝者である景勝の手によって抹殺されてしまったことも考えられるので、実際のところはわからないというしかない。

14 山中幸盛自筆書状——家臣への謝意

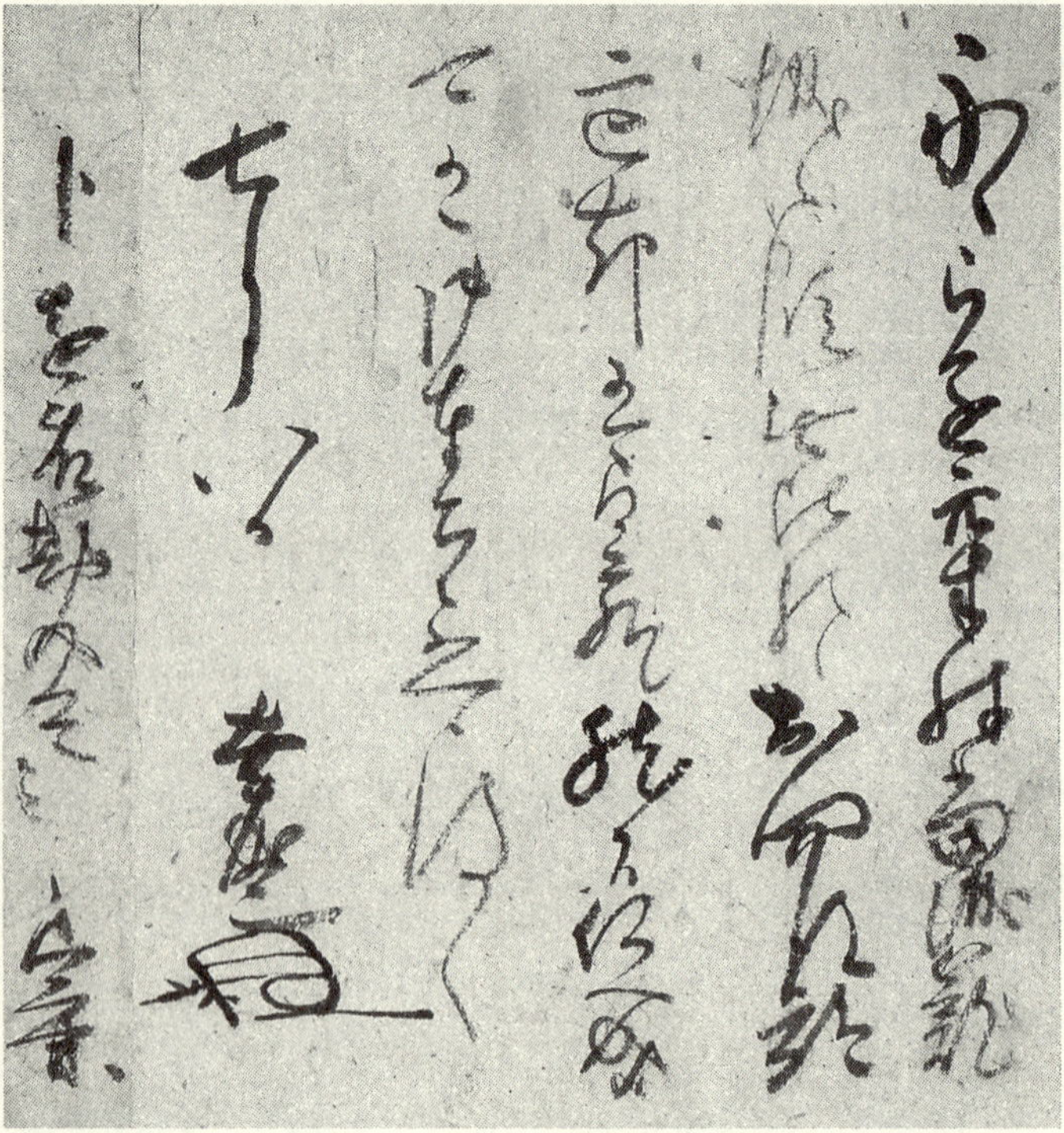

（山口県岩国市・吉川史料館蔵）

〔翻刻〕

永々被遂牢殊當城籠
城之段無比類候於向後聊
忘却有間敷候然者何へ成共
可有御奉公候恐々謹言
七月八日　幸盛（花押）
（捻封ウハ書）
「卜遠藤勘介殿　山鹿」

〔読み下し〕

永々牢《ろう》を遂げられ、殊に当城籠城の段、比類無く候。向後に於いて聊《いささ》かも忘却あるまじく候。しからば、何《いずこ》へなりとも御奉公あるべく候。恐々謹言
七月八日　幸盛《ゆきもり》（花押）
「卜遠藤勘介殿　山鹿」

〔現代語訳〕

永い間牢人を続けられ、ことに上月《こうづき》城に籠城して戦ったときには比類の無い働きをしてく

れました。私はそのことを決して忘れない。こうなった上は、今後は、どこへなりと仕官して下さい。

尼子氏の滅亡

山中幸盛は山中鹿介《しかのすけ》の名前でよく知られている。戦国大名尼子《あまご》氏の重臣の一人である。重臣にまで右筆はいなかったと思われるので、これは幸盛の自筆で、しかも殺される直前の絶筆であろう。

幸盛は、立原源太兵衛久綱《たちはらげんたびょうえひさつな》・熊谷《くまたに》新右衛門とともに「尼子の三傑」などとよばれ、講談の世界で有名な「尼子十勇士」の一人にも数えられている。

生年については、天文十年（一五四二）説と同十四年説があり、どちらも決め手に欠くが、小瀬甫庵の『太閤記』で、天文十四年八月十五日、出雲《いずも》の富田《とだ》荘に生まれたとしているので、ここではそれに依拠しておきたい。父は山中三河守満幸《みつゆき》、母は立原佐渡守綱重《つなしげ》の娘といわれている。

主家である尼子氏は、もともと、出雲守護京極氏の守護代であったが、尼子経久《つねひさ》のとき、下剋上《げこくじょう》によって京極政経《まさつね》（政高《まさたか》）を倒して戦国大名化した家である。一時は、出雲をはじめ、隠岐《おき》・伯耆《ほうき》・石見《いわみ》はもとより、安芸《あき》・備後《びんご》・備中《びっちゅう》・備前《びぜん》・美作《みまさか》・但馬《たじま》・播磨《はりま》にまでその勢力が及ぶ大戦国大名に成長したのである。

ところが、あまりに急な拡大で、完全な大名領国制支配を貫徹できず、それぞれの国の有力な国人領主を個別につかむだけで、次第にかげりがみえはじめた。

経久の子政久《まさひさ》は若くして死に、孫晴久《はるひさ》が家督をついだが、国人領主の離反が続き、衰退がはじまっている。その衰退期に登場してきたのが幸盛であった。

晴久の毛利攻めが失敗し、因幡《いなば》・伯耆の国人領主の中から毛利元就《もとなり》に寝返る者が続出し、そうした動きに勢いを得た元就が、ついに永禄八年（一五六五）、二万五千の大軍で尼子氏の居城月山富田城《がっさんとだ》を攻めるに至った。そのころの当主は晴久の子義久《よしひさ》であったが、翌九年十一月、防ぐことができず降伏しているのである。

このあと、義久は毛利氏に養われる形で、家名は存続したが、戦国大名としての尼子氏は滅亡した形となった。

再興への動き

はじめ、幸盛はこの義久に従って毛利氏のところまでついてゆき、いつか御家再興をはかろうと考えたが、その意図は元就に見破られ、結局、引き離されてしまったのである。その後の幸盛の消息はぷっつりと消えている。

では、幸盛は、その後、どこで、何をしていたのだろうか。このことを考えていく上で注目されるのが、江戸時代のはじめ、岩国《いわくに》藩士の香川正矩《かがわまさのり》・尭真《たかざね》が編纂《へんさん》した『陰徳太平記《いんとくたいへいき》』という本である。これによると、京都に出た幸盛は、尼子氏再興の志をもつ尼子遺臣と相談し、「まず、すぐれた軍法を研究することが必要である」ということになり、当時、名将として名の聞こえた甲斐の武田信玄、越後の上杉謙信、相模の北条氏康らの軍法を実際に自分の目でたしかめるため、幸盛自身、巡礼の姿に変装して、関東甲信越の諸国をめぐり、それぞれの武将の戦いぶりを見聞したという。

もっとも、このことは『陰徳太平記』にしかみえないので、幸盛が本当にそうしたことをしていたという確証はないわけであるが、軍法の研究をしながら、同志を糾合し、尼子氏再興のための準備をしていたことはたしかと思われる。

ただ、尼子氏再興といっても、当主義久は毛利氏に抑留される形で、それを取りもどすのは至難の業である。ところが、そこに、幸盛らにとって、おあつらえ向きの情報が入ってきた。「京都の東福寺《とうふくじ》に、尼子ゆかりの人物が僧になっている」というのである。

その人物というのが、尼子一門で、新宮党《しんぐうとう》とよばれていた尼子誠久《さねひさ》の子、孫四郎であった。略系図にするとつぎのようになる。

経久――政久――晴久――義久
　　└新宮党
　　　国久《くにひさ》――誠久――勝久《かつひさ》（孫四郎）

この系図のように、新宮党は政久の弟国久にはじまる尼子氏一門であった。月山富田城の麓《ふもと》にある新宮というところに住んでいたのでその名が生まれた。

天文二十三年（一五五四）、本家と対立した新宮党は滅ぼされ、誠久は殺されてしまったが、その子孫四郎は乳母の懐に入れられて脱出し、その後、東福寺に入り、僧となるべく修行をしているところであった。

幸盛は東福寺を訪ねて修行中の僧に面会を求め、尼子氏再興を熱く訴えたのである。「尼子氏ゆかりの者」とは聞かされていたと思われるが、「尼子氏再興の旗印になってほしい」といわれ、青天《せいてん》の霹靂《へきれき》だったろう。幸盛の説得により、還俗し、名を勝久と改めている。

ひと口に尼子氏再興というが、実は、再興計画は二度にわたっていた。しかも、その二度とも結果的には失敗に終わり、この書状は二度目の失敗のときに書かれたものである。順序として、一度目の失敗の経緯からみておきたい。

布部山の戦い

幸盛らが勝久を擁して尼子氏再興に動きだしたという情報は、たちまちのうちに伝えられ、諸方に散らばっていた遺臣たちが集まりはじめた。なかには、すでに他の戦国武将に仕え、かなりの地位にまでのぼっていた者もいた。そして、いよいよ、永禄十二年（一五六九）春、三百人ほどにふくれあがった一行は、出雲奪還を合言葉に、京都を出発していったのである。

当時は、兵農未分離の時代だったので、主家尼子氏が滅亡したあと、そのまま武士を捨て、土着した者もたくさんいた。これを帰農といっているが、有力農民として村に残っていたのである。

出雲や伯耆など、尼子氏の影響力が強かったところで土着していたこれら遺臣も集まり、勝久・幸盛主従らが出雲入りしてわずか五日目には、なんとその数は三千人にふくれあがっていたという。彼らは、帰農はしても、鎧《よろい》や刀・槍《やり》はそのまま持ち続けており、百姓から武士へ早変わりしていた。

幸盛は、この時期、毛利元就が大軍を率いて九州に渡り、筑前《ちくぜん》で大友宗麟《おおともそうりん》と戦っているのを知っていた。毛利軍の手薄なときをねらって月山富田城を奪回すべく挙兵したわけであるが、堅城月山富田城は三千の軍勢では落とすことができなかったのである。

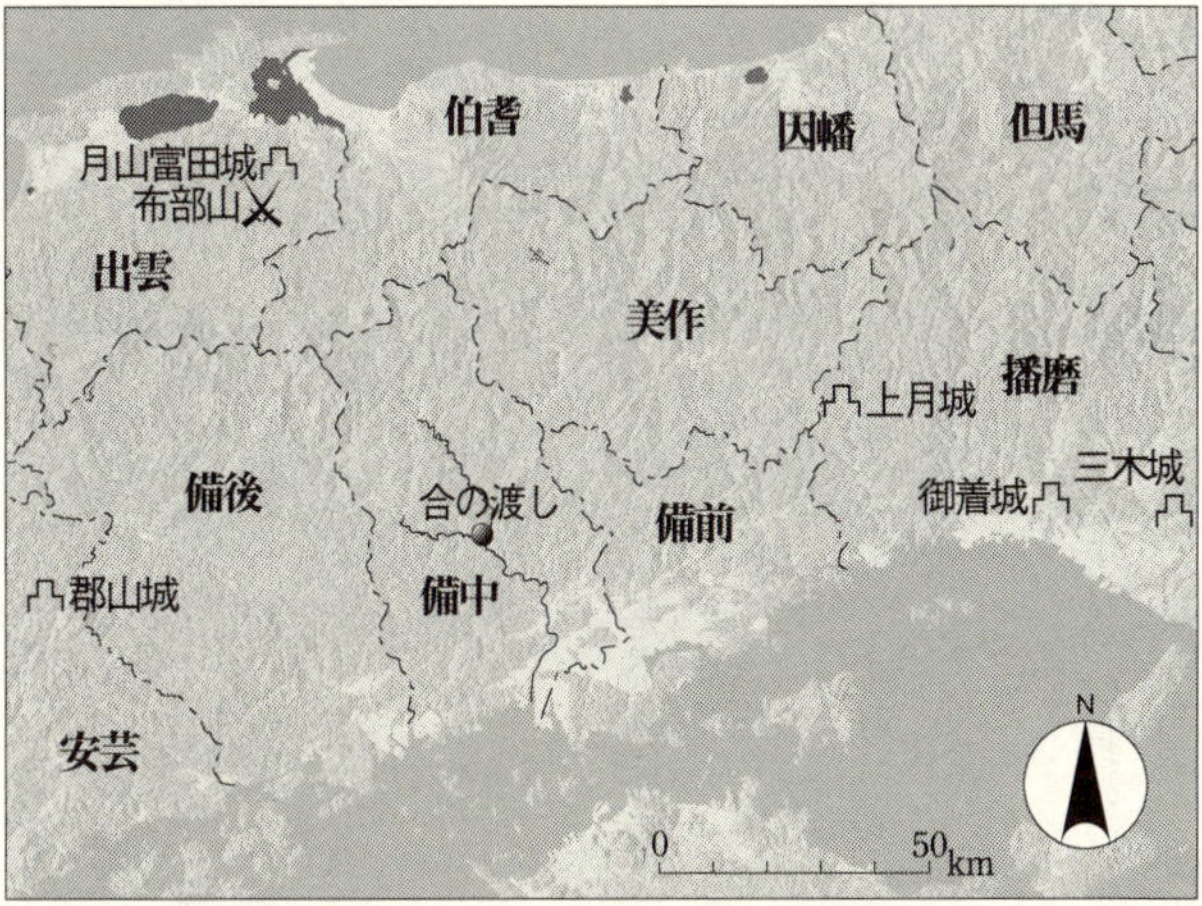

なかなか落とせなかったことも誤算の一つであったが、もう一つ大きな誤算が生じた。なんと、元就がせっかく取った立花《たちばな》城をほうりだし、大友宗麟との戦いを中断し、兵をもどしてきたのである。

「元就が九州に釘づけになっている間に出雲を奪還してしまおう」という幸盛の戦略は失敗してしまった。これは、元就が尼子氏再興の動きを警戒したのと、ちょうどこの時期、大内義興《おおうちよしおき》の弟だった大護《だいご》院尊光《いんそんこう》の遺児輝弘《てるひろ》が、やはり、大内氏の遺臣にかつがれ、大友宗麟の助けを得て、元就が留守中の山口の奪回をはかる動きをはじめたことも関係していた。元就は、そのまま大友軍と戦うより、尼子氏再興の動き、大内氏再興の動きを封じこめる方が先決と判断し、兵をもどしたわけである。

元就は、孫の輝元に一万三千の兵をつけて尼子勝久討伐に向かわせ、輝元は翌元亀元年（一五七〇）正月、安芸の郡山《こおりやま》城から出雲に向かい、月山富田城の南およそ十二キロメートルほどのところにある布部山《ふべやま》で尼子軍と戦いとなった。このころには尼子軍も六千七百ほどにふくれあがっていたが、数の多い毛利軍には歯が立たず、尼子軍は敗れ、撤退している。勝久はいったん隠岐に逃れたあと、京都に走っている。こうして第一回の尼子氏再興計画は失敗に終わった。

上月城の戦い

その後、しばらく勝久・幸盛主従は逼塞《ひっそく》する形であったが、尼子氏再興の夢は捨てなかった。幸盛の発案なのか、立原源太兵衛が最初にいいだしたのか、「織田信長に頼ったらどうか」という話が浮上した。ちょうどその時期、信長と毛利輝元との戦いが本格化しはじめたからである。信長としても、それは悪い話ではなかった。「毛利氏との戦いの弾よけ部隊として使える」との判断があったものと思われる。ここから第二回目の尼子氏再興計画が具体化することになる。

天正五年（一五七七）十月、信長の「中国方面軍司令官」として播磨に入った羽柴秀吉は、調略によって播磨の諸将を味方にし、御着《ごちゃく》城の小寺政職《こでらまさもと》をはじめ、三木《みき》城の別所長治《べっしょながはる》などが

上月城跡（兵庫県佐用郡佐用町上月）

戦わずになびいてきた。その一方で、抵抗した諸将には容赦ない城攻めをくりひろげ、西播磨の上月城は激戦の末、落とされている。その上月城に、信長は尼子勝久を入れたのである。まさに、毛利氏との最前線で、弾よけ部隊として入れられたことは明らかであった。

しかし、幸盛らにしてみれば、「ここで上月城を守り抜けば、尼子氏の再興がなる」と考え、あえて弾よけ部隊として配されたことを承知の上で城に入っている。

そのまま順調に推移すれば、幸盛の悲願は達成されたはずであった。ところが、ここに思わぬ事態が発生した。一度、織田方になびいた三木城の別所長治が毛利輝元と結び、反旗をひるがえしたのである。しかも、それを支援するため出陣してきた毛利軍が翌天正六年四月から上月城の攻撃をはじめた。

秀吉は、上月城を救援するため、上月城の近くの高倉山《たかくらやま》に本陣を置き、毛利勢を牽制していたが、毛利勢を撃退するまでには至らず、にらみあいとなった。

秀吉としては、三木城攻めにも力を割かなければならず、まさに、二進《にっち》も三進《さっち》もいかないという状況に陥った。そこへ、信長から、「上月城は見捨てろ」との命令が下ったのである。尼子勝久・山中幸盛主従を見捨てることは秀吉としてはできないところであったが、信長の命令に逆らうことはできず、高倉山の陣を撤している。

それをみた毛利の軍勢は七月三日、猛攻をかけ、勝久はそこで自刃し、城は五日に落ちた。そのとき、幸盛は捕らえられ、捕虜として輝元のところに送られることになった。

しかし、生かしておけば、また、尼子氏ゆかりの者を捜しだし、再興の動きをはじめるかもしれないとの思いがあったのだろうと思われるが、備中国の甲部川《こうべがわ》(高梁川《たかはしがわ》)と成羽川《なりわがわ》の合流点の合《あい》の渡しというところで殺されてしまった。七月十七日のことである。

この書状は、五日に捕らえられて三日後の七月八日、上月城籠城戦までつき従ってきてくれた家臣の遠藤勘介に、これまでの苦労をねぎらうとともに、よい仕官先があれば仕官することを勧めたものである。部下を思うやさしさがあらわれている。天文十四年誕生説に従えば、幸盛はこの年三十四歳ということになる。

15

吉川経家自筆遺言状——名誉の切腹

吉川経家銅像（鳥取城跡）

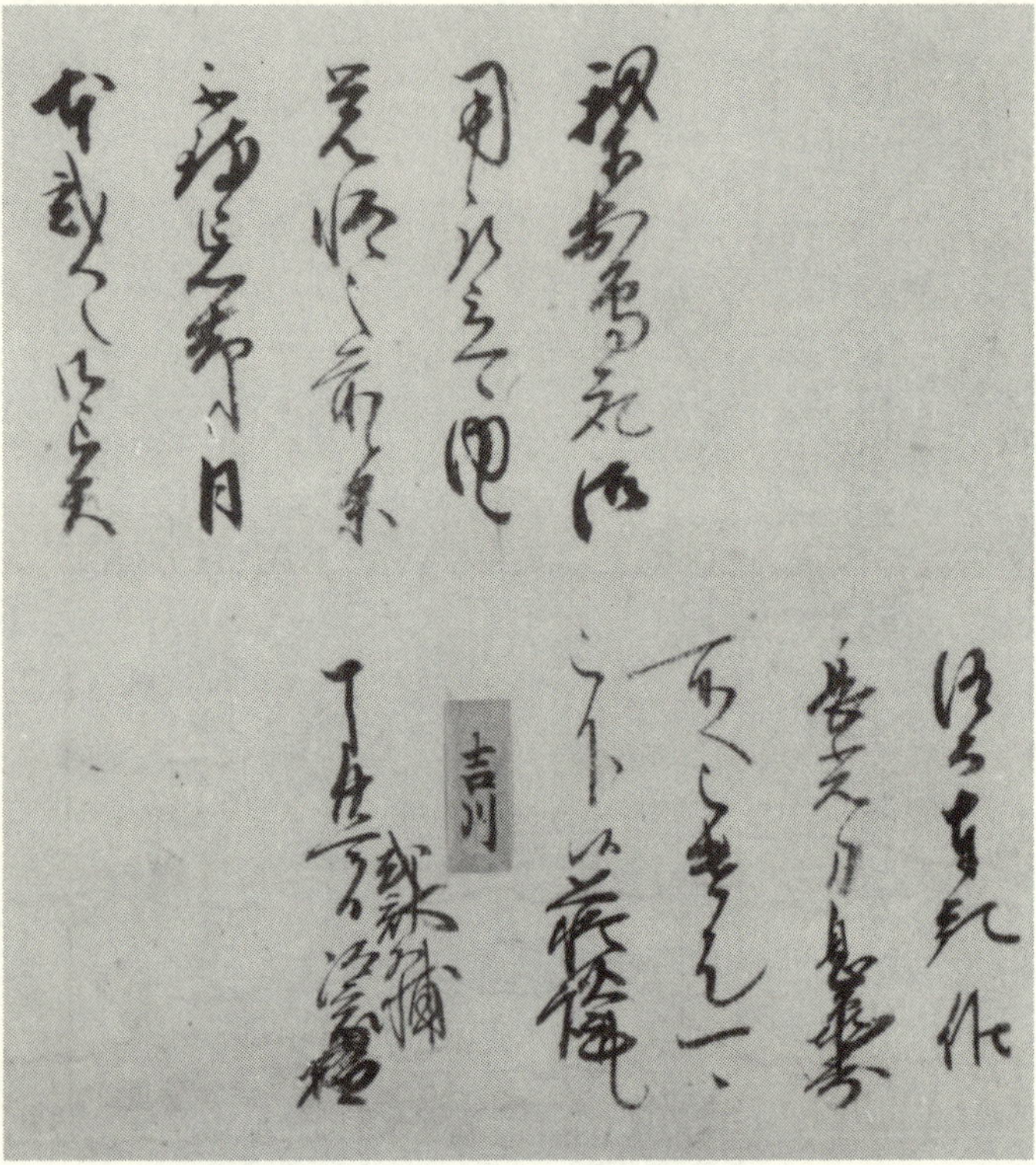

（山口県岩国市・吉川史料館蔵）

〔翻刻〕

我等於鳥取御
用罷立候内々
覚悟之前候条
不致亡却候日
本貳ッ之御弓矢
於堺及忰腹候
事末代之可
為名誉存候
累年別而御
芳情之段望
其期失念不申候
存之程不得申候
随而奉預候
長光刀息亀壽
所へ被遣候て可

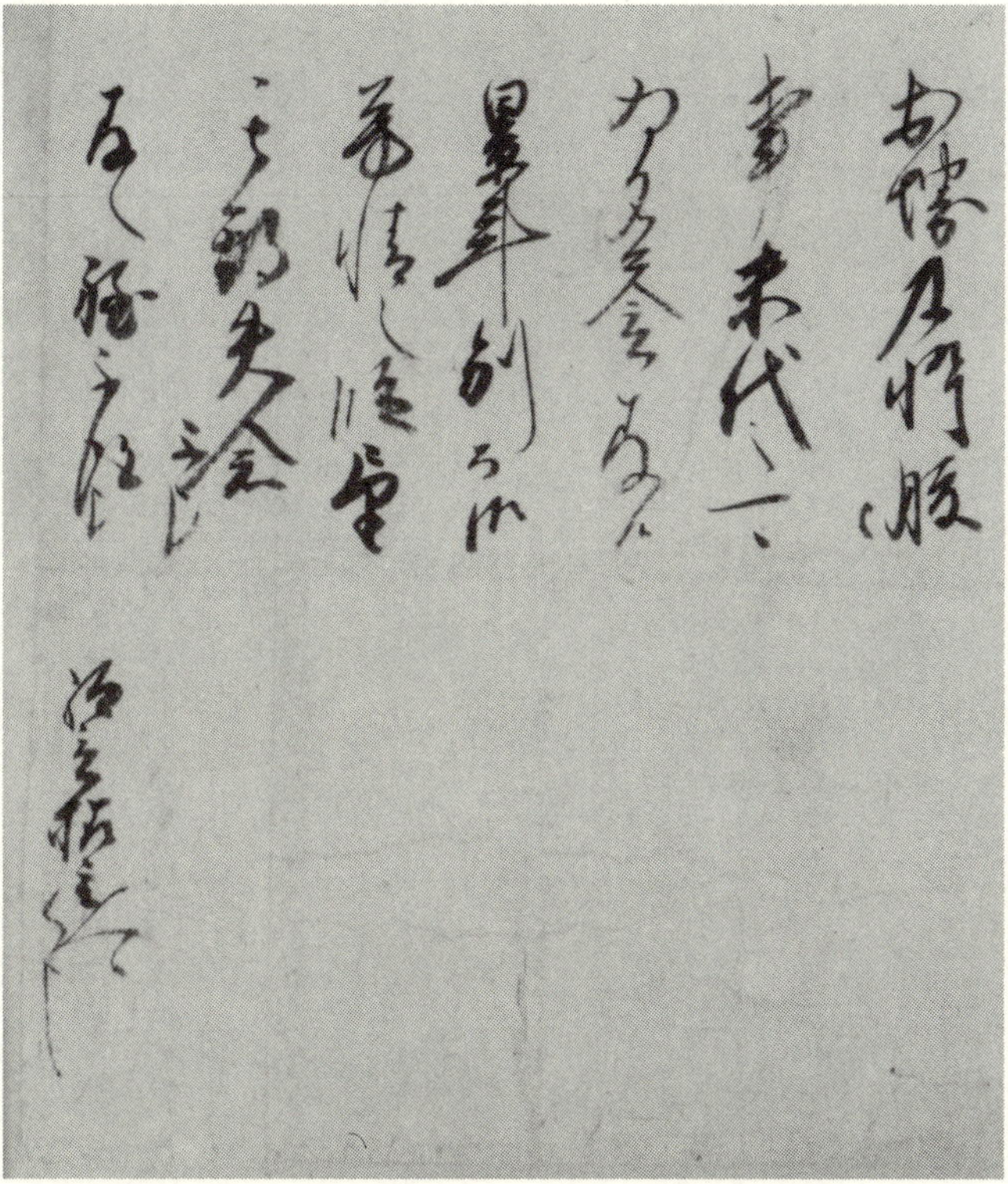

被下候恐惶謹言

式部少輔

十月廿四日

経家（花押）

経言様参人々御申

〔読み下し〕

我等鳥取《とっとり》において御用に罷《まか》り立ち候。内々覚悟の前に候条、亡却致さず候。日本弐つの御弓矢の堺において忰腹《かせばら》に及び候事、末代の名誉たるべく存じ候。累年《るいねん》別して御芳情の段、其期に望み、失念申さず候。存じの程申し得ず候。随《した》がって、預かり奉り候長光《ながみつ》刀、息亀寿《かめじゅ》の所へ遣はされ候て下さるべく候。恐惶謹言

十月廿四日　式部少輔

経家《つねいえ》（花押）

経言《つねのぶ》様参人々御申

〔現代語訳〕

私は鳥取において御役に立とうとしています。覚悟はできておりました。これまでのことは忘れません。日本を二つに分けての戦いの場で切腹することは、末代の名誉と思っています。これまで何年にもわたり御心にかけていただき、死に臨んで、その恩は決して忘れません。思っていることすべてを申しあげられません。御預かりしていた長光の刀は、息子の亀寿に遣わして下さい。

十月二十四日　式部少輔

経言様参《ママ》人々御中

経家（花押）

鳥取城攻め

この書状の十月二十四日は天正九年（一五八一）の十月二十四日である。この書状を書いた次の日、吉川経家は切腹しており、切腹前日に認《したた》めた数通の遺書の一通である。遺書を理解するために、羽柴秀吉の鳥取城攻めの経緯と、城主となって戦った吉川経家についてふれておきたい。

秀吉が信長のいわゆる「中国方面軍司令官」として中国地方に乗り込み、但馬からさらに因幡に兵を進めたころ、鳥取城の城主は山名豊国《やまなとよくに》であった。山名豊国は毛利陣営に属していたので、秀吉が天正八年（一五八〇）に因幡に出陣してきたときには、秀吉に抵抗する姿勢をみせていた。

ところが、このとき、秀吉は得意の調略に乗り出している。「降伏すれば因幡一国を与えよう」というのである。山名氏は、もともと、因幡の守護だった名門の家で、毛利氏の力が強くなっていたのでその軍門に降《くだ》っただけで、もともとの家臣だったわけではない。豊国はその年の九月二十一日に、秀吉の勧降工作を受けいれ、城を出ているのである。

ふつうならば、それで秀吉軍が鳥取城を接収し、戦いにはならないはずであった。ところが、このときは、城に残った豊国の老臣二人、具体的には中村春続《なかむらはるつぐ》と森下道誉《もりしたどうよ》が秀吉への屈服を嫌い、城の明け渡しを拒否しているのである。

このころ、毛利軍の山陰側の軍事責任者は毛利元就の二男だった吉川元春《もとはる》で、中村春続・森下道誉の二人は元春に急使を送り、「しかるべき大将を至急送ってほしい」と要請している。

元春としても、鳥取城は確保しておきたい城だったので、すぐ、家臣の牛尾元貞《うしおもとさだ》を送り、少しして市川雅楽允《いちかわうたのじょう》・朝枝春元《あさえだはるもと》に代わらせている。牛尾元貞から市川雅楽允・朝枝春元に代えられた理由はよくわからないが、中村春続・森下道誉の二人はこの人事に不満だったようで、元春に、「もっとしかるべき武将を送ってほしい」と訴えている。

そこで新たに送りこまれてきたのが、吉川一族で、当時、石見国の福光《ふくみつ》城の城主だった吉川経安《つねやす》の子経家であった。略系図にすると左のようになる。

こうして経家は、翌天正九年二月二十六日、今田《いまだ》宗与《そうよ》・野田《のだ》春実《はるざね》ら四百余名の家臣を従えて福光城をたち、三月十八日に鳥取城に入った。このとき経家は三十五歳であった。

六月二十五日、秀吉が二万の大軍を率いて姫路《ひめじ》城をたって鳥取城に向かい、鳥取城は七月十二日には完全に包囲された。後年、秀吉が「鳥取の渇《かつ》え殺し」と自慢した、「三木の干《ほ》し殺し」と並んで典型的な秀吉の兵糧攻めがはじまったのである。

しかも秀吉は、三木城攻めのときの失敗を教訓として、鳥取城攻めにおいては、より効率的な城攻めを進めていた。三木城攻めのときには、戦いがはじまる前、秀吉側が何ら手を打っていなかったので、三木城では兵糧が潤沢だった。そのため、兵糧攻めをしても、落とすまでに一年半以上かかってしまったわけで、秀吉は、鳥取城攻めにあたり、事前に二つのこ

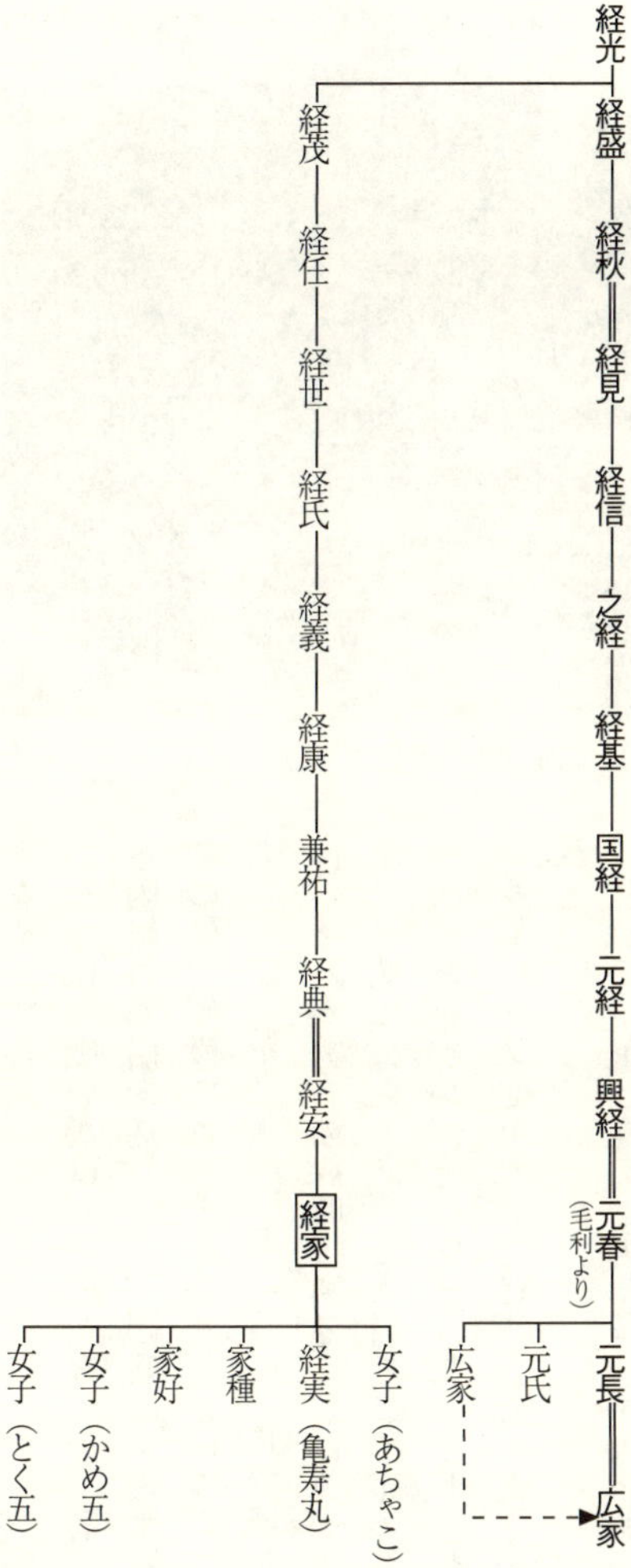

鳥取城跡　久松山山頂にあった（鳥取市）

とをやっていた。

一つは、戦いがはじまるかなり前、若狭から因幡に商船を送りこみ、因幡国中の米を通常の倍の値段で買い占めさせたというものである。『陰徳太平記』によれば、鳥取城側では、それが秀吉の謀略であることに気づかず、すでに城に蓄えてあった兵糧米まで売ってしまったというが、それはどうだろうか。ただ、米を買い占めさせたことは事実だったと思われる。

そしてもう一つは、秀吉軍が村々を襲い、百姓たちに乱暴したり、家を焼いたりして、百姓を鳥取城に入れるよう仕向けたというものである。本来は非戦闘員である百姓が城中に逃げこむことによって、兵糧米が早くつきることを計算しての蛮行であった。

こうした上で、秀吉は、鳥取城を囲む総延長三里（約十二キロメートル）の包囲網を築き、城内の飢餓状態を作りだす作戦をとった。その結果、早くも籠城二ヵ月後の九月ごろには兵糧がつきはじめたのである。

これは経家にとっては誤算だった。経家は、吉川元春に後詰の援軍を要請するとともに、十一月まで籠城を続ければ、鳥取は雪に埋まり、秀吉軍も包囲を解いて帰陣するとみていたのである。

しかし、十一月までもたなかった。日に日に食糧は減り、穀類は食べつくし、やがて木の実や草の根、さらには木の皮など、とにかく食べられるものは何でも食べ、かろうじて命をつなぐという状況になった。やがて、馬を殺してその肉を食べ、ついには餓死した人の肉をまだ生き残っていた者たちが食べるという凄惨《せいさん》な事態となった。

「何とか十一月までもちこたえれば」と考えていた経家も、こうした状況をみて降伏を決意せざるをえなくなり、家臣の野田春実を秀吉の陣所に送り、自らの切腹と引きかえに城兵の命を助けるよう要請させている。はじめ、秀吉は、経家を鳥取城に迎え入れ、戦いに突入した張本人ともいうべき中村春続・森下道誉を切腹させ、責任をとらせようとした。秀吉としても、「敵ながらあっぱれ」と、経家のことを評価したのかもしれない。

しかし、経家の決意は固く、結局、経家が全責任をとって切腹することとなり、切腹の前日および当日、経家は一族や子どもに宛て何通かの遺言状を認めている。ここに取りあげたのは、その中の一通で、宛名の経言は、吉川元春の三男広家《ひろいえ》のことである。広家は初名を経言といった。

子らへの遺言

この中で、やはり注目されるのは、「日本弐つの御弓矢の堺において忰腹に及び候事、末代の名誉たるべく存じ候」という部分である。織田の勢力と毛利の勢力がぶつかる、まさに「二つの御弓矢の堺」となった鳥取城で、毛利氏のために戦うことができた満足感のようなものがただよっている。しかも、それを「末代の名誉」と表現していることが目をひく。当時の武士にとって、「名をあげる」とか「名をとどむ」ということが戦いに臨むにあたっての意識の根元になっていたからである。

ところで、このとき、子どもたちに宛てた遺言状も心うたれるものがある。これは平仮名書きなので、横に漢字を補いながら引用しておきたい。

とつとり（鳥取）の事、よるひる二ひやく日こらへ候。ひやう（らう）（兵糧）ニつきはて候まゝ、我ら一人御よう（用）にたち、おの〳〵をたすけ申、一もん（門）の名をあけ候。そのしあはせ（仕合）、ものがたり、御きゝあるへく候。かしこ。
てん正九
十月廿五日
あちやこ
かめしゅ　まいる
かめ五　　申給へ
とく五

「かめしゅ」が経家の嫡子亀寿で、経言宛の遺言状でも長光の刀を受け取るよう指示された者で、その亀寿を含め四人の子どもたちに宛てたものである。

この中で、「我ら一人御ようにたち」といっているように、自分一人が責任を負って切腹することで、城兵の命が救われることに誇りをもっていたことがわかる。

そしてもう一つ注目されるのが、「一もんの名をあけ候」と記している部分である。自分が切腹することで、吉川一門の名をあげることができるという意識があったことがわかる。単なる個人の名前ではなく、一門の名誉につながっていた点が読みとれるのである。

16

豊臣秀吉自筆書状——おねへの私信

豊臣秀吉肖像（大阪城天守閣蔵）

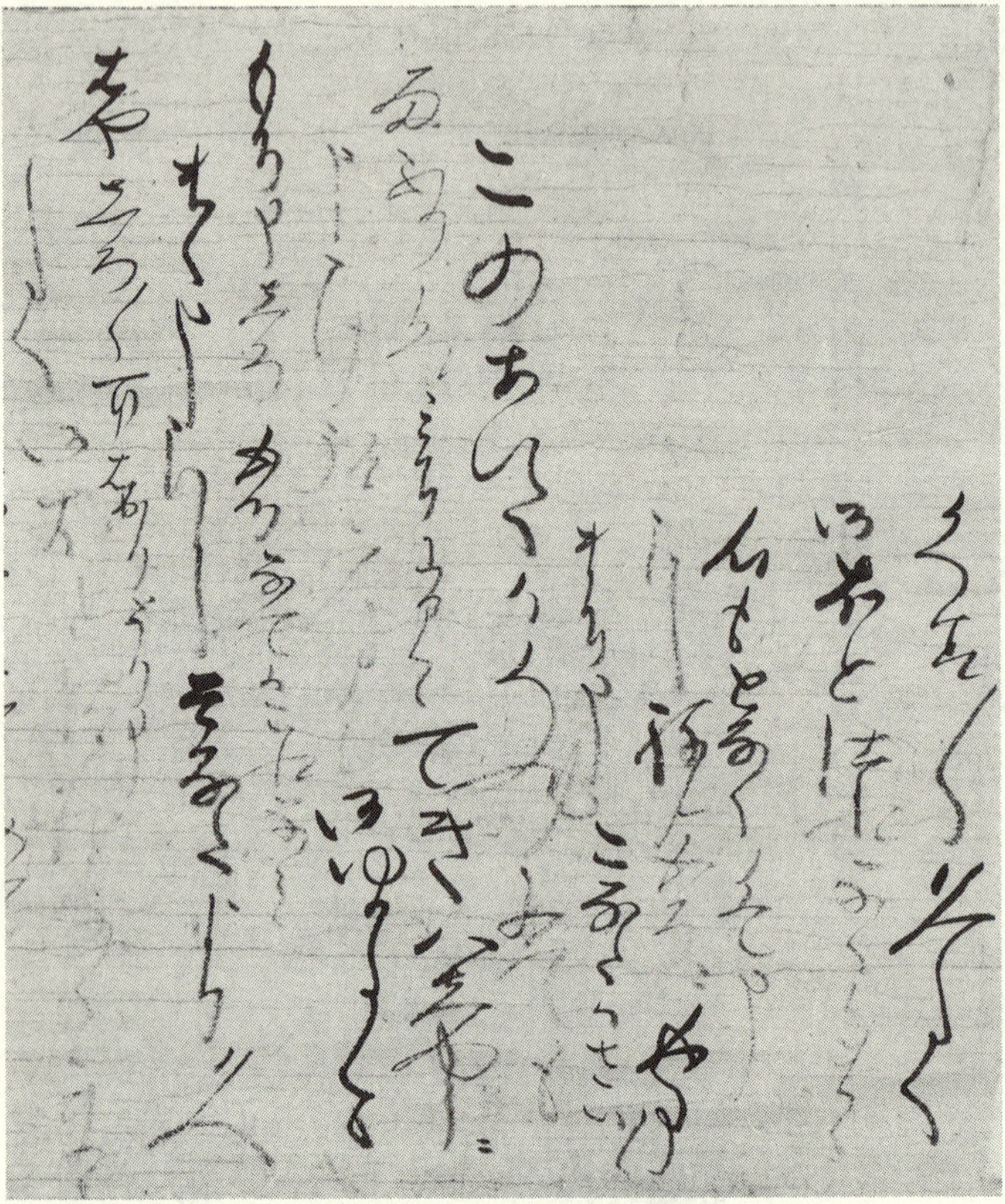

（大阪城天守閣蔵）

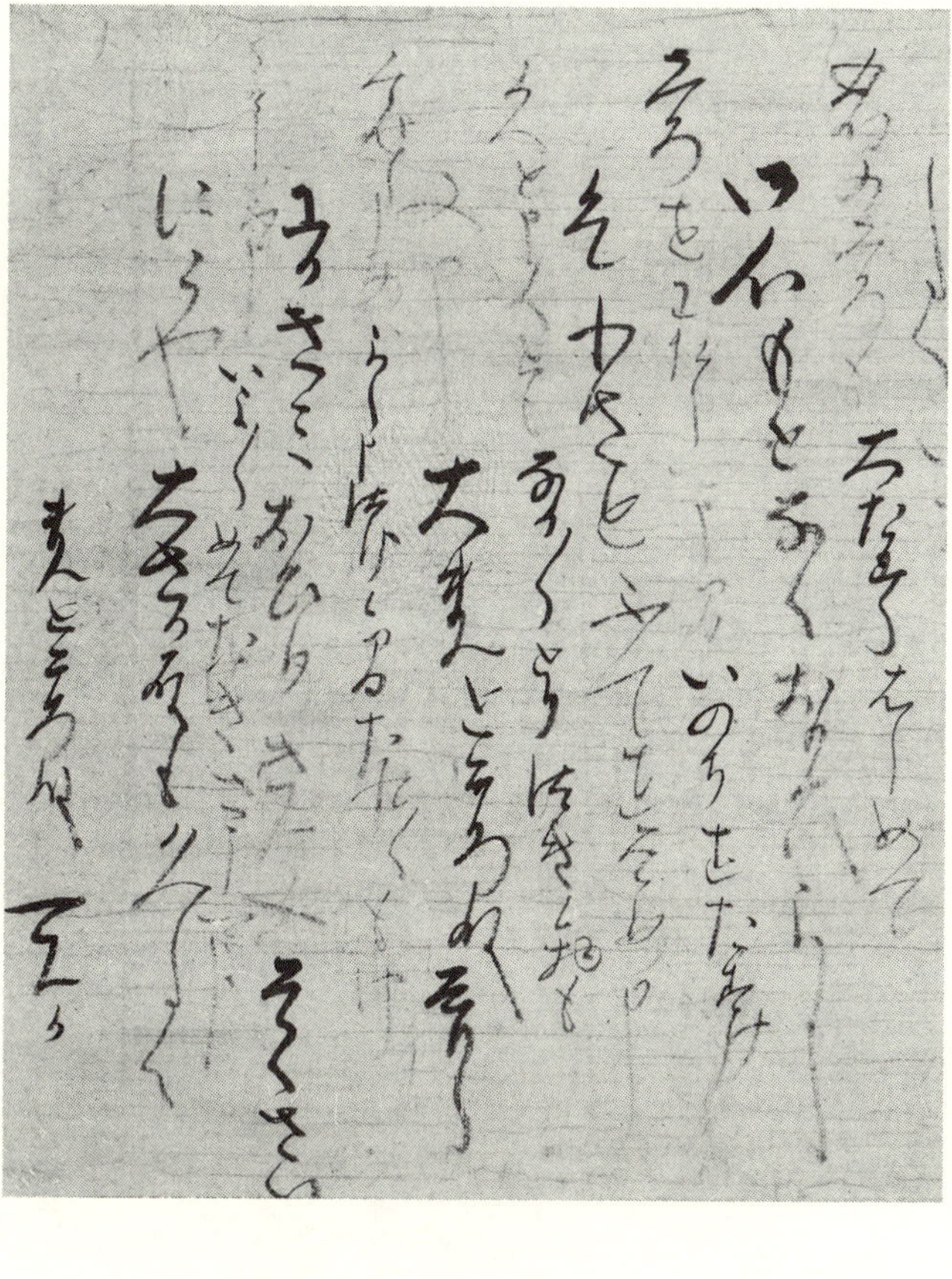

〔翻刻〕

かへす〱久しく

御おとつれなく候まゝ
心もとなく候て申
まいらせ候ねん五ろニ返事
まち申候こなたハさい〱
雨ふり候てミちわるく候てき八しゆうニ
もち申しろ五つな(ま)てハこれなく
はやしろ〱百はかりとり申候
五つのしろも大たわらはしめて
しろをわたし可申間いのちをたすけ
候へと申候へともなか〱とりつき候物も
くせ事のよし申つけ候間たれ〱もけ
よう不申候いよ〱めてたきさう可申候

このあひたハ文にても
申うけ給候ハす候御ゆかしく候

まゝ申まいらせ候そなたより久
しく御おとつれなく候まゝ
御心もとなくおもひまいらせ
候てわさとふてをそめ申候
又申候大まんところ殿そもし
わかきみおひめきん五そくさい
に候や大さか殿も久しく
　まんところ殿　てんか

〔漢字交り文〕

返々、久しく御訪れなく候まゝ、心もとなく候て申しまいらせ候。懇《ねんご》ろに返事待ち申し候。こなたは、再々雨降り候て、道悪く候。敵八州に持ち申す城五つまではこれなく、早、城々百ばかり取り申し候。五つの城も大たわら（小田原）はじめて城を渡し申すべく間、命を助け候へと申し候へども、なか〱とりつき候物（者）も曲事の由申しつけ候間、誰々もけよう申さず候。いよ〱めでたき左右申すべく候。

この間は、文にても申しうけ給はり候はず候。御ゆかしく候まゝ、申しまいらせ候。そなたより久しく御訪れなく候まゝ、御心もとなく思ひまいらせ候て、わざと筆を染め申し候。又申し候。大政所殿・そもじ・若君・小姫・金吾息災に候や。大さか殿も久しく。

政所殿　てんか

〔現代語訳〕

このところ、そちらからの手紙がきておりません。そなたの手紙が久しくないものですから、心配になって筆を染めました。母上大政所殿、そなた、若君（鶴松《つるまつ》）、小姫・金吾らは息災でしょうか。

（追而書）返す返す、久しく御手紙がないので心配になって御手紙しました。返事をお待ちしています。こちらの方はたびたび雨が降り、また道が悪いです。敵が関八州にもっている城はもう五つもありません。すでに百ほどの城は取ったので、五つの城も小田原をはじめ、降伏を申し出ており、助命嘆願をしていますが、城攻めにあたっている者は「それはまかりならぬ」といっているので、誰もそれを許そうとはしていません。いよいよ、よいしらせをお届けします。

天下人の出陣

山中城跡　堀や土塁が復元されている（静岡県三島市山中新田）

宛名の「政所殿」は秀吉正室の北政所《きたのまんどころ》、すなわちおねのことである。差出人の「てんか」は天下で、秀吉が身内に出す書状などで自分のことをそう表現している。秀吉は天正十三年（一五八五）、関白に任官してから「てんか」と仮名で自署しているが、漢字で「天下」としたものもある。

書状で、しかも正室宛ということもあり、年月日の記載がない。しかし、内容から天正十八年（一五九〇）の秀吉による小田原攻め最中の書状であることがはっきりしている。

秀吉が小田原攻めのため京都の聚楽第を出陣したのはその年の三月一日のことであった。このとき、豊臣軍の総軍勢は二十一万とも二十二万ともいわれ、三月二十九日、北条方の最前線の城だった伊豆の山中《やまなか》城の戦いから本格的な戦闘がはじまっている。

豊臣軍は、この書状にもあったように、関八州に散らばっている北条方の城を次つぎに落とすとともに、本城である小田原城包囲の態勢に入っている。小田原城を見おろす適地を選び、そこに対《たい》の城を築いている。これが現在、国の史跡にも指定されている石垣山城である。もっとも、石垣山城とよばれるようになるのは後世のことで、そのころ、特に特定の城名でよばれていた徴証はない。

秀吉はその石垣山城を本陣として長期の攻城戦になることを覚悟していた。それは、小田原城が土塁と堀で城と城下町をすっぽり包みこんだ惣構《そうがまえ》によって守られる要害堅固な城で、力攻めでは簡単に落とすことができないと判断したからである。

そのため、秀吉は千利休や能役者を呼んだりし、四月十三日付、北政所付の老女「五さ」に宛てた書状で知られる通り、「北政所に淀《よど》の者を遣わすように」といわせているのである。この書状の中に淀殿のことが出てこないのはそのためで、淀殿はすでに石垣山の秀吉本陣にいたものと思われる。したがって、この年月日の記載のない北政所宛秀吉書状は当然、四月十三日以降で、内容から、小田原方が和議の話に乗りかけた時期であることがうかがわれるので、六月中旬以降のものであると思われる。

というのは、小田原城の北条方が、六月中旬ごろに完成した石垣山城にびっくりし、急速に戦意を喪失していったのではないかと考えられるからである。

石垣山城からは小田原城をみおろす形になり、小田原城の様子はやや遠いが手にとるようにみえる。ところが、逆に、小田原城の方から築城中の石垣山城はみえるにはみえるが、手にとるようにとはいかない。それは、前面の樹木が邪魔をしていたからである。秀吉はむしろ、そのことを最大限に利用し、石垣山城の築城工事を、小田原城の北条方に気づかれない状態で進めることができたのである。工事がある程度進捗《しんちょく》したところで、前面の樹木を伐《き》り、いかにも一夜で城ができたようにみせたわけで、これが石垣山城の別名「一夜城」のいわれにもなっている。

このことについて、従来は、江戸時代に書かれた軍記物の『関八州古戦録』の記述が史料として使われてきた。その巻十七に、

……然《しか》シテ陣営ノ塀・矢倉《やぐら》ヲ杉原《すぎはら》ノ白紙ヲ以テ一面ニ張立サセ、白土ニテ塗タル如クニ仕ナシ、前面ノ杉林ヲ切払ハセラレケル儘《まま》、小田原城中ヨリ掲焉ク的皪《てきれき》ト見ヘ通リシ程ニ、衆皆大ニ驚キ、アナ巍《いか》メシヤ、一夜カ程ニカク許《ばかり》ノ陣所ヲ補理《ほり》シ、石垣ヲ築キ、白壁ヲ付ル事、凡人ノ態《わざ》トハ見ヘス、秀吉ハ天魔ノ化現ニヤ奇ナリ妙ナリト手ヲ拍《うち》、舌ヲ巻テ見震ヒヲセサルハナシ、是ヨリシテ、此山ヲ石垣山トモ白壁山トモ俗ハ申慣シケリ。

とあり、一夜にして白壁の城が出現したような錯覚を与えたことが記されている。

私は、はじめ、この『関八州古戦録』の記述は信用していなかった。軍記物作者の創作と考えていたからである。

ところが、この紙を張って白壁にみせたパフォーマンスは事実だったのである。伊達政宗の回想録「伊達政宗言行録―木村宇右衛門覚書」一・二（『仙台市立博物館調査研究報告』第七、八号）に、

……昨日まで見ぬ方に、今宵《こよい》一夜の内に白壁をつけ渡す。城中ゆるやかにみゆる不思議なると仰候間、げにと見申せば、一夜にはおびただしく、塗たる塀にて御座候。あれは皆、紙にて張り付けたるにて御座候はんかと申しあげれば、秀吉公をはじめ、伺公《しこう》の諸大名、もつとものことなりと感ぜられけり。後日に聞けば、皆もつて紙なりと聞ゆ。

とみえる。

この記事は六月九日から十日にかけてのところで、政宗が六月九日にみたときにはなかった白壁が翌十日にできているのをみてびっくりし、紙を張ったものだということがわかった

という内容である。

おそらく、北条方に動揺がおこり、和議の話に乗るようになったのはそのあとであろう。この書状で、「大たわらはじめて城を渡し申すべく間、命を助け候へ」と降参の意向を示しはじめたのは六月中旬以降のことで、したがって、この秀吉書状はそのころのものと思われる。

なお、追而書（尚々書）のところの最後の二行、

　くせ事のよし申つけ候間たれ〳〵もけよう（此様）不申候いよ〳〵めてたきさう可申候

と読んだが、

　くせ事のよし申つけ候間たれ〳〵も計《はかり》不可有候いよ〳〵めてたきさう可申候

と読む研究者もいる（桑田忠親『太閤秀吉の手紙』）。

家族への思いやり

本文のところにみえる「わかきみ」は天正十七年（一五八九）五月二十七日に生まれた鶴松である。つぎの「おひめ」は、秀吉の養女の豪姫《ごう》（前田利家の娘）とする説もあるが、私は、織田信雄の娘の小姫《おひめ》君ではないかと考えている。やはり秀吉の養女となっていた女の子で、このころ秀吉が特にかわいがっていたことがいろいろな史料からうかがわれるので、間違いない。「きん五」は金吾で、のちの小早川秀秋のことである。

戦いの最中にあっても、母親や妻、養子たち家族のことを気にかけていたわけで、いかにも家族思いの秀吉らしさがにじみ出た書状である。

17

織田信長自筆書状——聟とはだれか

織田信長肖像（京都市・大雲院蔵）

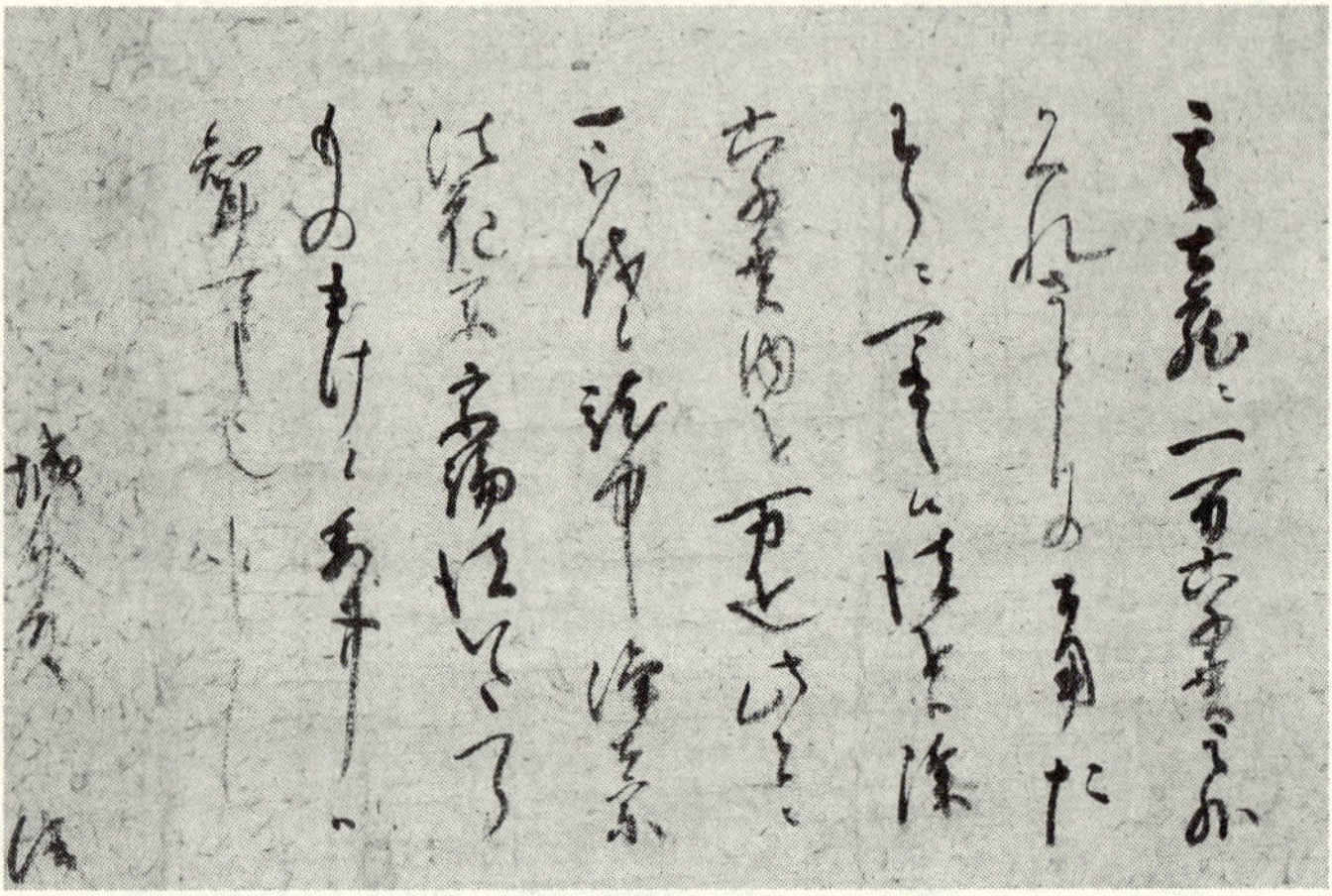

（京都市・大雲院蔵）

〔翻刻〕

其土蔵ニ一万六千貫其外
かくれさとよりの公用た
わらニ可有之候彼をハ除
六千貫内を万疋此者ニ
可被越候就中浄土宗
法花宗宗論彼いたつら
ものまけ候委事ハ
聟可申候也かしく

城介殿　信

〔読み下し〕

その土蔵に一万六千貫、その外隠れ里よりの公用、俵に之有るべく候。彼をば除き、六千貫内を万疋《まんびき》、此者に越さるべく候。なかんづく、浄土宗・法花宗宗論《ほっけしゅう》、彼《か》の徒《いたず》ら者負け候。委《くわ》しき事は聟《むこ》申すべく候也。かしく

城介殿《じょうのすけ》　信

〔現代語訳〕

そちらの土蔵にある一万六千貫、その外、隠れ里からの公用米が俵に入っているが、それは除いて、六千貫の内の万疋、すなわち百貫文をこちらに届けてほしい。浄土宗と法花宗が宗論をくりひろげたが、徒ら者の法花宗の方が負けた。くわしい事は聟が申し述べるであろう。

貴重な自筆書状

これは、織田信長の自筆と考えられている書状である。宛名の「城介殿」は秋田城介で、信長の嫡男信忠のことである。

信長の自筆書状は意外と少なく、天正五年（一五七七）十月二日付で、細川忠興の軍功を

賞した感状が自筆書状であることは、堀秀政の副状《そえじょう》（上位者の文書に家臣が添えて出す文書）と『信長公記《しんちょうこうき》』の記述によって確実で、その細川忠興宛の自筆書状に筆蹟《ひっせき》が似ているか似ていないかによって自筆であるかどうかの判断がなされている。

信長の嫡男信忠にこのような文書が出せる人物で、しかも「信」とだけ署名できる武将は信長しかおらず、内容的にも、また筆蹟の点からも信長自筆でいいのではないかとされている。

ほかの自筆とされるもの、たとえば東京大学史料編纂所所蔵の「益田《ますだ》文書」との筆蹟上の共通性も指摘されているので、現在では数少ない信長自筆書状の一つにカウントされている。

安土宗論

年月日の記載がないので、いつの文書かということが問題となるが、文中、浄土宗と法花宗、すなわち法華宗《ほっけしゅう》（日蓮宗《にちれんしゅう》）との間でくりひろげられた宗論についてふれており、これは、天正七年（一五七九）のことなので、この書状の発給時期をしぼりこむことができる。

その年五月中旬のある日、関東から安土《あづち》にやってきて、安土城下で法談をしていた浄土宗の僧霊誉玉念《れいよぎょくねん》に対し、法華宗徒の建部紹智《たけべじょうち》と大脇伝介《おおわきでんすけ》という者が議論をしかけてきた。霊誉は、「若輩の者に何をいっても耳に入るまい」とつっぱね、「しかるべき法華僧を出せば相手になろう」と返答した。霊誉とすれば、そのようにいえば引っこむと考えたのであろう。

ところが、建部紹智と大脇伝介はすぐ京都の法華寺院にその旨を連絡し、京都から頂妙寺《ちょうみょうじ》の日珖《にっこう》、常光院《じょうこういん》の日諦《にったい》、久遠院《くおんいん》の日淵《にちえん》、妙国寺《みょうこくじ》の普伝《ふでん》らが大挙して安土に下ってきたのである。

騒ぎが大きくなったのを知った信長は、家臣の菅屋長頼《すがやながより》・矢部康信《やべやすのぶ》・長谷川秀一《はせがわひでかず》・堀秀政らを遣わし、両者を和解させようとしたが、法華宗側が和解に応じず、ついに宗論をたたかわせることになった。これが有名な安土宗論である。

安土宗論が行われたのは五月二十七日のことで、結局は、この信長自筆書状にあるように、法華宗側の敗北で終わっている。関連史料をまとめると、いくつかのやりとりがあった後、法華宗側が答えに窮し、日珖は打擲《ちょうちゃく》され、袈裟《けさ》をはぎとられ、「以後、法華宗は他宗を誹謗《ひぼう》しない」という一札をとられたという。

なお、信忠のこのころの行動を追いかけると、この年の六月十八日には安土城を訪ねて信長に会っているので、この書状は五月二十七日以後、六月十八日以前ということになる。

送金の目的は何か

ではいよいよ、信長自筆書状の中身の検討に入ろう。冒頭、「其土蔵」とある土蔵がどこの土蔵かということになるが、これは岐阜城の土蔵であろう。というのは、信長は天正三年（一五七五）十一月二十八日に、家督を信忠に譲り、あわせて岐阜城も信忠に明け渡しているからである。信長自らは翌四年、新しく築いた安土城に移っているので、信忠の居城である岐阜城に蓄えられていた一万六千貫という意味であると思われる。

ただ、つぎの「かくれさとよりの公用」という意味はよくわからない。岐阜城の土蔵に、隠田《おんでん》からの収入が入っていたというのかもしれない。

ところで、ここに「万疋」、すなわち一万疋と出るが、一疋は十文、千文で一貫である。つまり、一万疋は百貫文にあたり、百貫文もの大金を岐阜城から安土城に移させたことがわかる。では、その金は何に使うためだったのだろうか。

このころの信長側の軍事行動としては謀反をおこした荒木村重《あらきむらしげ》を攻めたり、丹波八上《やかみ》城攻めもあったりするが、唐突のように「就中」として、安土宗論のことに言及していることが気になる。そうした目で『信長公記』を読み直していくと、おもしろい記事にぶつかった。すなわち、

八月二日、以前、法花宗と法文(間)仕《つかまつり》候《そうろう》 貞安《じょうあん》長老へ、

一、銀子　五十枚、　貞安へ下さる。

一、銀子　三十枚、浄厳院《じようごんいん》長老へ、
一、銀子　拾枚、日野秀《ひのしゆう》長老へ、
一、銀子　拾枚、関東の霊誉長老へ、
かくのごとく送り遣はされ忝《かたじけな》き次第なり。

とみえる。

この貞安は、安土の浄土宗寺院西光寺《さいこうじ》貞安で、この貞安と、関東から下ってきた霊誉玉念の二人が、安土宗論の浄土宗側代表であった。信長は、安土宗論で勝った側の二人に褒美を与えていたことがわかる。

それだけではなく、安土宗論の場所を提供した浄厳院の長老にも銀子三十枚が与えられていた。これだけの材料で速断することは危険かもしれないが、岐阜城の土蔵に蓄えられていた百貫文が「銀子」に換金され、安土宗論の勝者側に褒美として与えられたことは考えられる。

聟のつかい

ところで、文中、最後のところで、「委事ハ聟可申候也」とあるように、くわしいことは、聟から信忠に伝えられたことがわかる。このような書き方の場合、二通り考えられ、一つは、信長の聟の副状に詳細が書かれ、信長自筆書状とともに信忠に届けられるというものである。そして、もう一つは、聟が、信長自筆書状を持って岐阜城を訪ね、信忠に直接会い、聟の口からくわしいことが伝えられるというケースである。この文面からすると後者、すなわち、聟が、岐阜城を訪ね、信忠に会って信長自筆書状を手渡すとともに、詳細を口頭で説明したように思われる。

では、その聟とは具体的に誰だったのだろうか。信長には十一人の女の子がいた。しかし、そのうち、二条昭実《にじょうあきざね》、万里小路《までのこうじ》充房《みつふさ》、徳大寺《とくだいじ》実冬《さねふゆ》といった公家に嫁いだ娘や、のちに豊臣秀吉の側室になった娘は除外される。そうなると、ここに「聟」と出てくる可能性のあるのは松平信康《のぶやす》、蒲生《がもう》氏郷《うじさと》、前田利長《としなが》、丹羽《にわ》長重《ながしげ》、筒井《つつい》定次《さだつぐ》、水野《みずの》忠胤《ただたね》、中川《なかがわ》秀政《ひでまさ》の七人にしぼられる。

ところが、松平信康は三河の岡崎城にいたし、しかも、この年九月、いわゆる築山殿《つきやまどの》事件で自刃させられており、信長の使者になる可能性は全くない。また、年齢的なことからいっても、丹羽長重、筒井定次、水野忠胤、中川秀政は無理であろう。結局、蒲生氏郷か前田利長のどちらかとなる。

前田利長が信長の四女と結婚するのは天正九年（一五八一）十二月なので、天正七年の時点ではまだ聟ではない。したがって、永禄十二年（一五六九）に信長の二女と結婚していた蒲生氏郷がこの信長自筆書状にみえる「聟」ということになる。

18 直江兼続自筆書状——関ヶ原前夜の情報戦

直江兼続肖像（米沢市上杉博物館蔵）

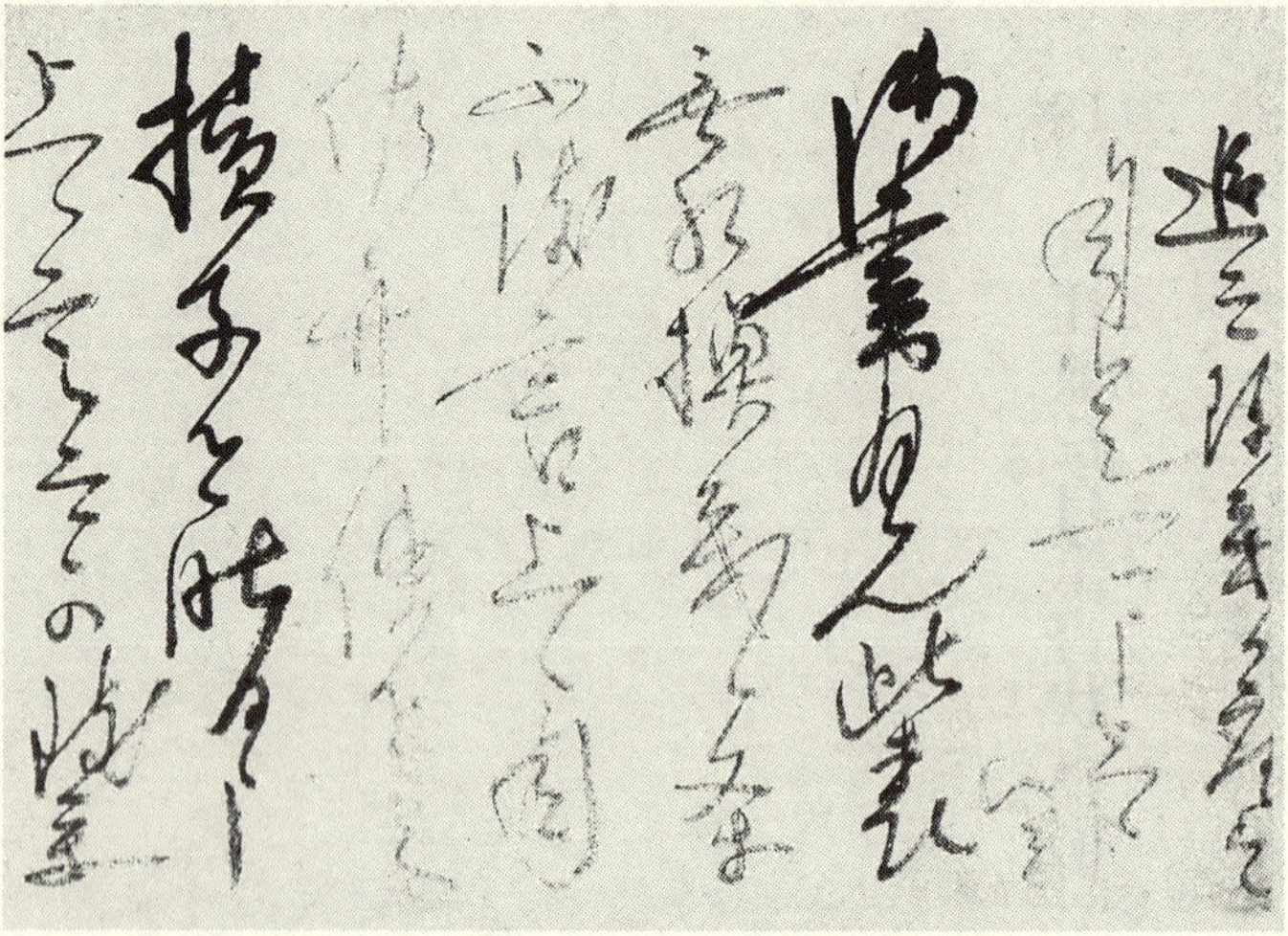

（米沢市上杉博物館蔵）

〔翻刻〕

追而弥義御座候者
自是可申上候
以上
御書拝見此表
無相換義候条
不致言上候自
佐竹使者之
様子者昨日申
上候定而可致参

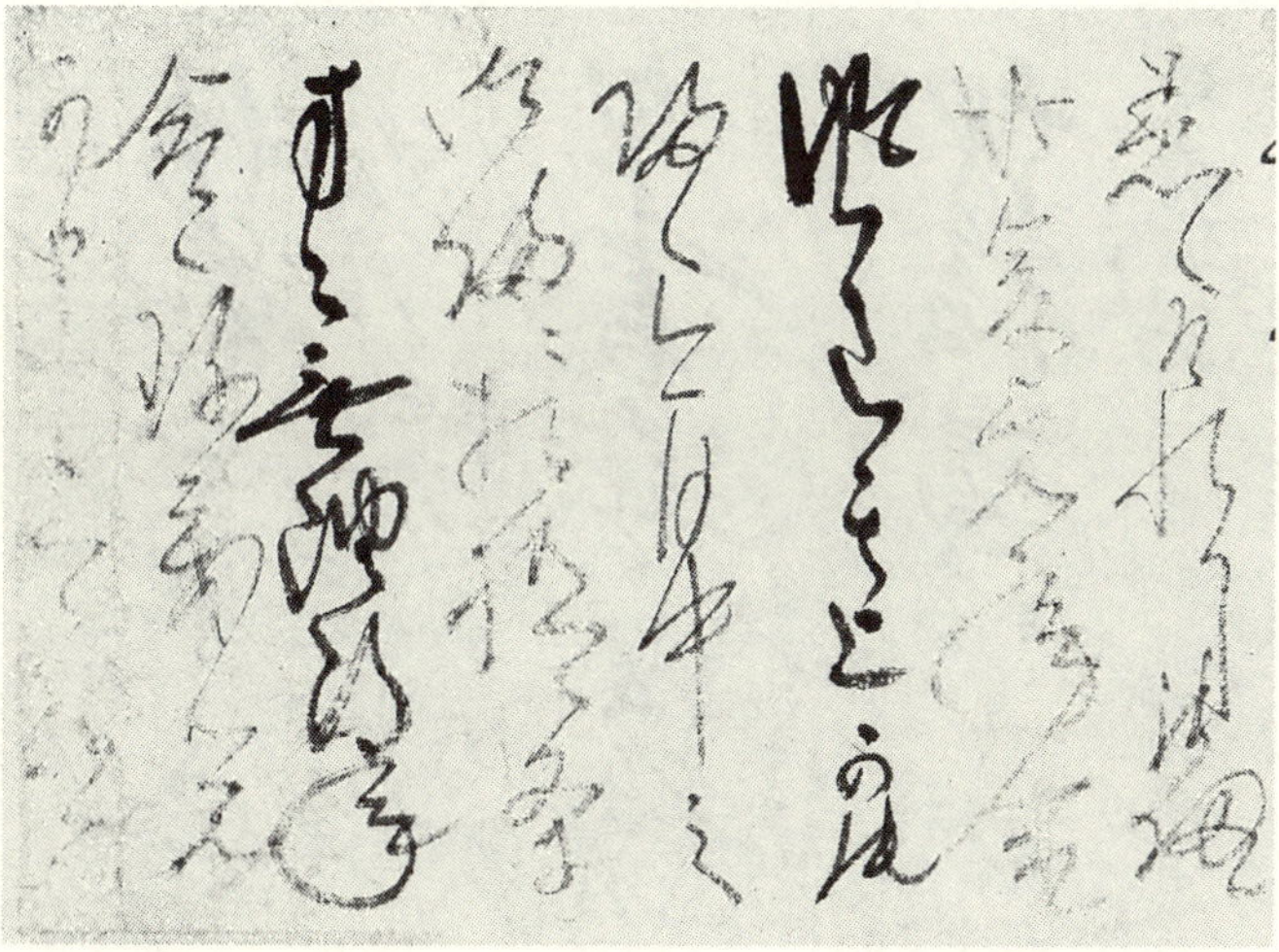

着候それかし罷帰候
儀爰元承合
得御意其上可罷
帰候今月中之
御帰ニ相極候条
方々無油断承
合候弥義候者
可申上候然者

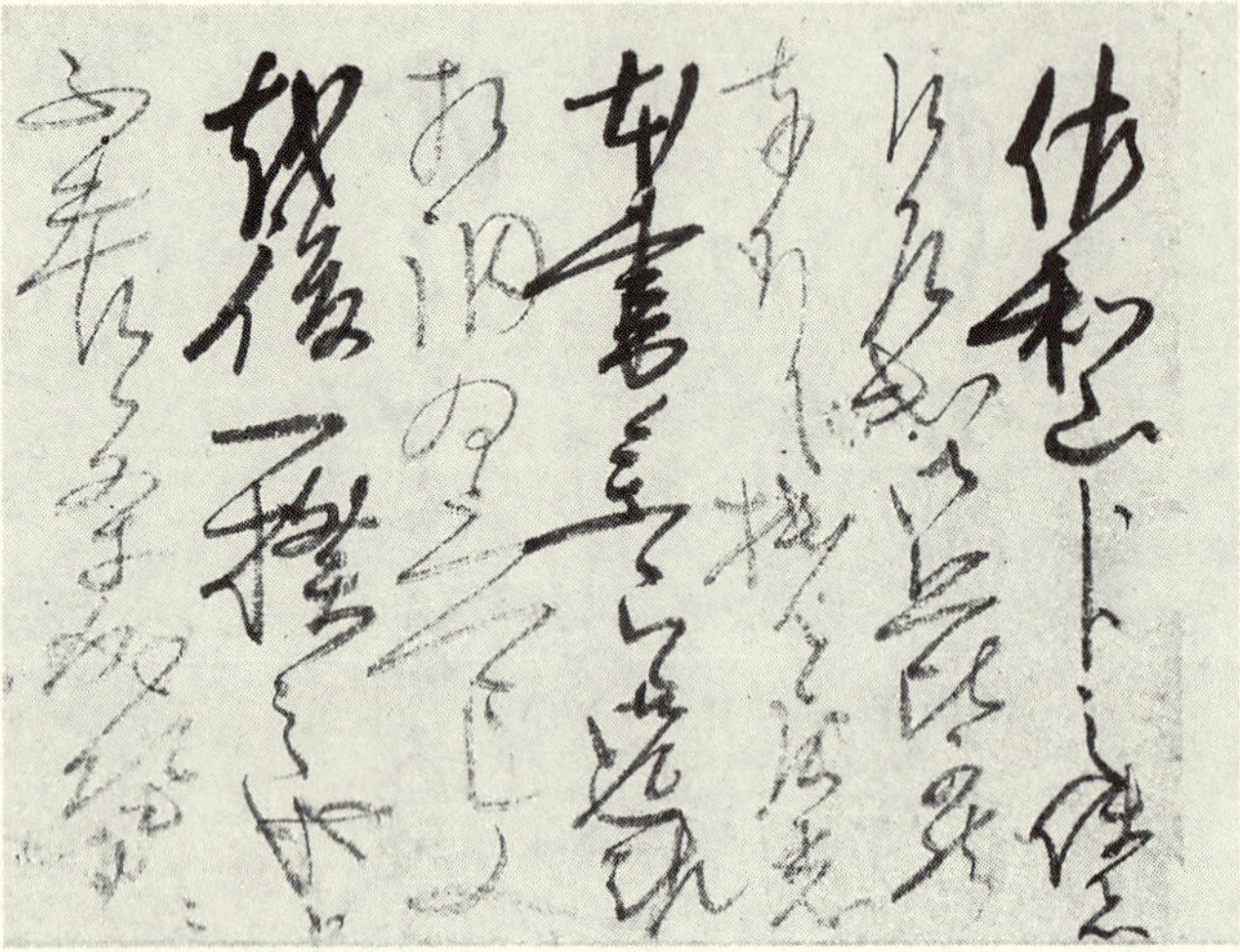

佐和山より之使者
被召出御懇比可然
奉存候拙者罷着
本書参候ハ、御返報
相調為上可申候又
越後一揆之儀ハ
不苦候条成次第ニ

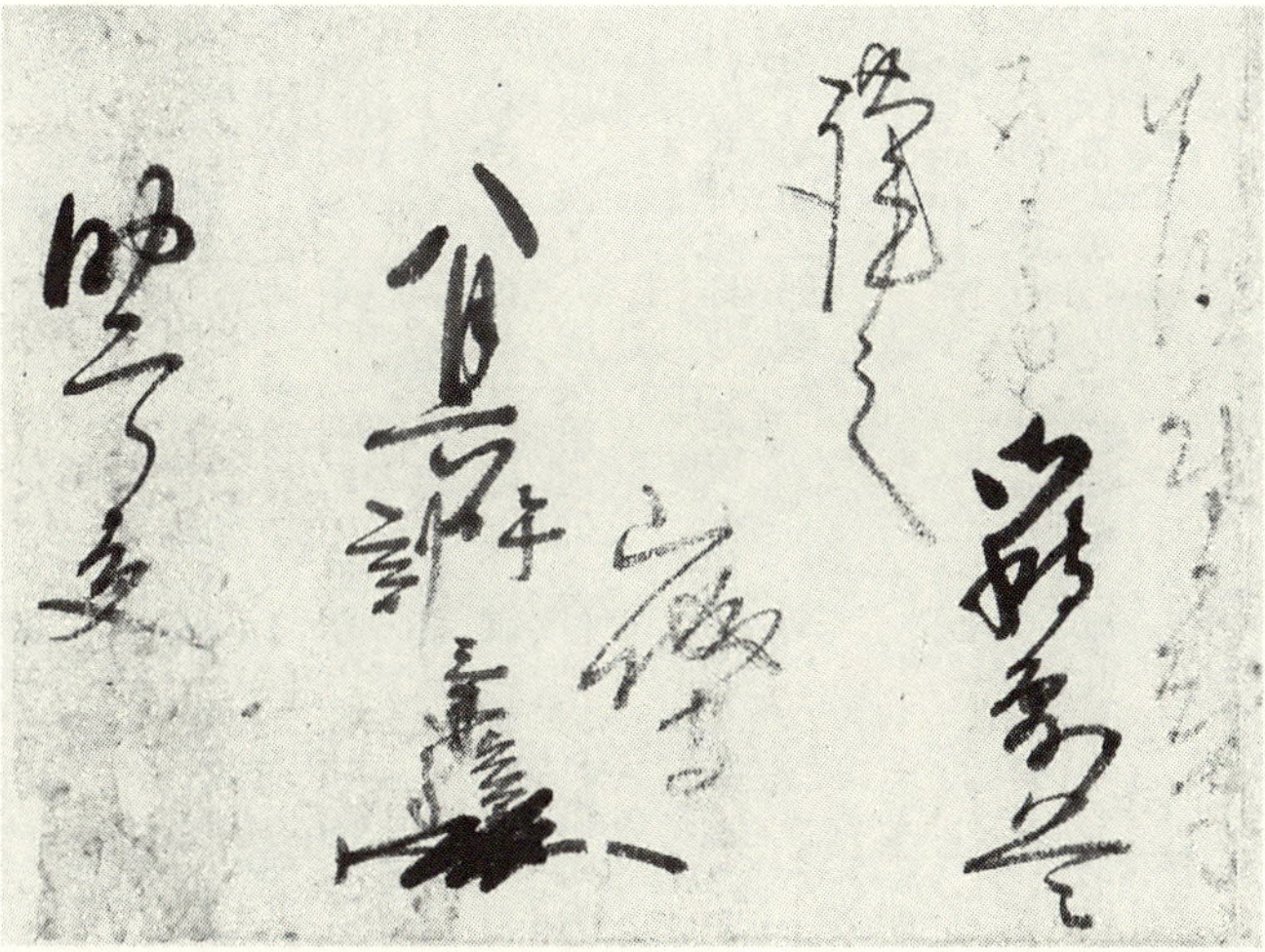

被仰付御尤奉
存之由御披露恐々
謹言
山城守
八月六日午刻　兼続（花押）
助二郎殿

〔読み下し〕

追つて、弥義《ちんぎ》御座候はば、是より申し上ぐべく候。以上。

御書拝見。此の表相換《あいかわ》る義無く候条、言上致さず候。佐竹よりの使者の様子は、昨日申し上げ候。定めて参着致すべく候。某《それがし》罷《まか》り帰り候儀、爰元《ここもと》承《うけたまわ》り合ひ、御意を得、その上罷り帰るべく候。今月中の御帰りに相極《あいきわ》まり候条、方々油断無く承り合ひ候。弥義候はば、申し上ぐべく候。然《しか》らば、佐和山よりの使者召し出され、御懇比《ねんごろ》然るべく存じ奉《たてまつ》り候。拙者罷り着き、本書参り候はば、御返報相ひ調へ、上として申すべく候。又、越後一揆の儀は苦しからず候条、成次第に仰せ付けられ御尤《もっと》もに存じ奉るの由御披露。恐々謹言

山城守

八月六日午刻　兼続（花押）

助二郎殿

〔現代語訳〕

御手紙拝見しました。こちらは特に変わったことがなかったので、連絡しませんでした。佐竹氏からの使者の様子は昨日申しあげた通りです。そちらに着いていると思います。私がそちらに帰ることができるのは、景勝殿の許しを得てからになります。景勝殿の御帰りも今

月中ということで決まったので、油断の無いようにして下さい。変わったことがあったらまたご連絡します。さて、佐和山城から石田三成の使者がやってきたとのことで、三成の懇意何よりのことと存じます。三成の書状が私のところにきたならば、すぐ返事を出すつもりです。また、越後一揆のことはあまり気にかける必要はありません。なりゆきにまかせるのがいいと思います。

(追而書)追って、変わったことがありましたら、こちらから連絡します。

「直江状」と上杉討伐

「八月六日午刻」とあるのは慶長五年(一六〇〇)八月六日午《うま》の刻で、まさに関ヶ原合戦直前である。宛名の「助二郎」は上杉氏家臣の清野《きよの》助二郎で、当時、会津討伐に向かっていた徳川家康を迎え撃つため、長沼《ながぬま》(福島県須賀川《すかがわ》市)まで出陣していた上杉景勝の執政直江兼続が、会津若松城の留守を守っていた清野助二郎に状況報告をしたのがこの書状である。

この書状によって、直江兼続と石田三成が連絡を取りあっていたことがわかるわけであるが、上杉景勝と直江兼続、それと石田三成、さらに徳川家康と、関係する人物の動きを時系列に沿って少し整理しておきたい。

慶長三年八月十八日に豊臣秀吉が死んだが、すぐには騒動にならなかった。五大老の一人、

畑谷城
山形城
長谷堂城
出羽
米沢城
神指城
会津若松城
猪苗代湖
陸奥
太平洋
長沼
下野
宇都宮
常陸
小山
N
0
50km

前田利家が家康、三成の両方ににらみをきかし、かろうじてバランスが保たれていたからである。

ところが、その前田利家が翌慶長四年閏三月三日に死んだことで、バランスが崩れ、三成と対立していた加藤清正《かとうきよまさ》・福島正則《ふくしままさのり》らが三成を襲撃する事態となり、結局、三成は佐和山城に蟄居《ちっきょ》させられることとなった。

そのころ、上杉景勝の会津では、兼続を責任者として、神指《こうざし》城の築城にとりかかっており、また、道普請も進め、武具・馬具を調達し、さらには浪人を召し抱えはじめていた。

こうした動きは、近隣の大名たちの目には「上杉景勝は合戦の準備をしている」と映り、そうした状況を家康に報告し、家康からの弾劾状が出されることになった。これが四月一日付の兼続宛 西笑承兌《さいしょうしょうたい》の書状である。西笑承兌は京都相国寺《しょうこくじ》の僧で豊光寺《ぶこうじ》承兌ともいい、兼続とは親しかった人物である。

その書状に対する返書が「直江状」といわれるもので、四月十四日付、全文十六ヵ条からなる長文の返書で、家康からの弾劾状に対し、一つひとつ弁明した内容である。ただ、この「直江状」は現存せず、写しが伝わるだけで、後世の人が、兼続に仮託した偽文書だといわれることもあった。しかし、最近の研究では、写しの過程で表現が過激になった部分もあるが、内容としては問題ないのではないかといわれている。

この「直江状」を受け取った家康が激怒し、上杉討伐を諸将に命じたとされるが、家康としては、「これで上杉討伐の口実ができた」と喜んだのではないかと思われる。

家康が諸将に正式に上杉討伐のことを口にしたのは、史料的にみると五月三日が最初である。この日、下野の武将で「那須《なす》七騎」の一人に数えられる伊王野《いおうの》下総守《しもうさのかみ》資信《すけのぶ》に、「今度会津表の儀注進候。其の口堅く相守らるべく候」(「古文書集」)と命じているのが一番早い。ついで、六月六日、諸将を大坂城西の丸に集め、会津攻めの部署を発表し、十六日、家康自ら大軍を率いて大坂城を出陣している。

家康の腹には、「自ら大軍を率いて畿内を留守にすれば、三成が挙兵するはず」という思いがあった。つまり、上杉討伐は、三成の挙兵を誘うための「呼び水」だったのである。

七月二十四日、家康が下野の小山《おやま》まで進んだところで、「去る十九日、三成が伏見《ふしみ》城を攻撃」という三成挙兵の第一報が届けられ、家康は進軍を中止し、翌二十五日、小山で軍議を開いている。いわゆる「小山評定」である。

「小山評定」の結果、上杉景勝に対し、抑えの兵を残しただけで、反転し、石田三成討伐にもどる形となった。この書状が出された八月六日というのは、ちょうど、家康軍が反転し、畿内にもどっていこうという時期である。

三成との関係

そうした流れを前提に、この書状をみると、注目されるのは、兼続と三成が連絡を取りあっていたという点である。ただ、いつごろから連絡を取りあっていたかということに関しては少し検討が必要である。それは、三成・兼続密約説の是非とも関係してくる。

東京大学史料編纂所が編纂した『史料綜覧《そうらん》』は慶長五年六月二十日のところに、

是ヨリ先、石田三成、近江佐和山ニ屛居《へいきょ》シ、密《ひそか》ニ陸奥会津ノ上杉景勝ト通ジ、徳川家康ノ東下ニ乗ジ、兵ヲ挙ゲンコトヲ謀《はか》ル。是日、景勝ノ老臣直江兼続ニ、家康ノ山城伏見出陣ヲ告ゲ、且《かつ》、上杉氏ノ軍略ヲ問フ。

という綱目をあげ、三成・兼続密約説の立場に立ち、「東西呼応して家康をたたこう」とする作戦があったとしている。

三成が佐和山城に蟄居させられた段階から兼続と連絡を取りあっていたとすれば、それは三成・兼続の間に密約があったといってさしつかえないが、残念ながら、そのことを証明する史料はない。むしろ、家康が大坂城を出発し、上杉討伐に向かったころから、三成・兼続のやりとりがはっきりしてくるので、私は、「直江状」の出された四月十四日ごろから、三成と兼続の間に、「反家康」というスローガンでの共通課題による意思統一がはかられたのではないかと考えている。

さて、家康が小山をたって江戸に向かったのは八月二日で、そのあと、家康の二男結城秀康《ゆうきひでやす》が抑えとして宇都宮に残った。このとき、退却する家康軍を追撃しようとした兼続に対し、景勝はそれを止めたといわれている。この書状は、長沼まで出陣していたときのもので、結局、このあと、景勝は兼続に撤退を命じ、ついで家康方の最上義光《よしあき》領内に攻め入り、九月十三日、兼続率いる上杉軍は、山形城の支城畑谷《はたや》城を囲み、ついで、長谷堂《はせどう》城も攻めているが、こちらは容易に落とすことができず、攻城中の九月三十日、関ヶ原における西軍の敗報が届き、十月一日、撤退しているのである。

19

松永久秀自筆書状

——梟雄の素顔

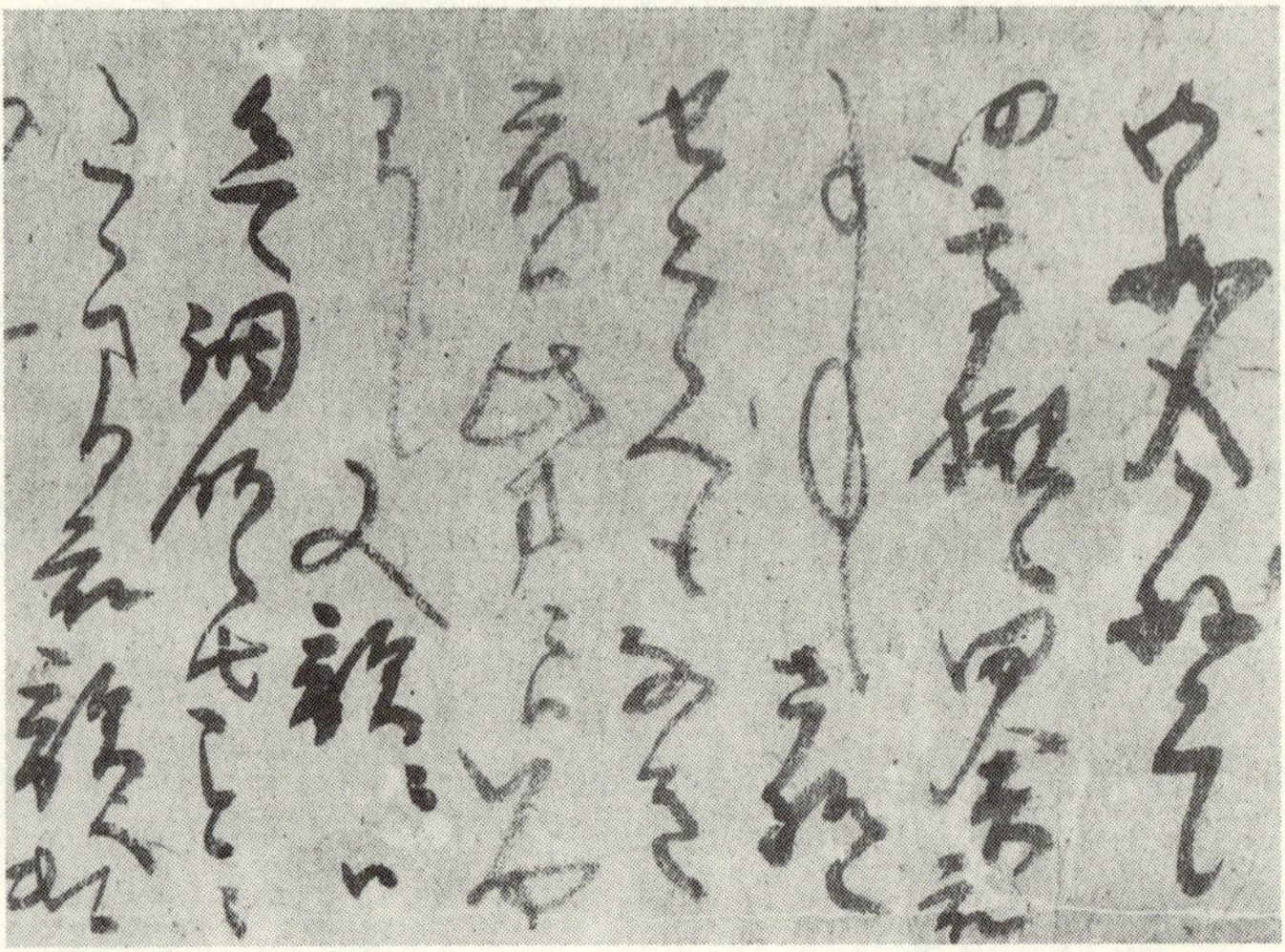

（大阪城天守閣蔵）

〔翻刻〕

御状令披見候

仍高槻之田舎衆

事承候さ様之

由こらへもなき

衆ハ此方ニハいや

にて候又敵ニハ

色々調略之由ことニ

たゝさる衆敵へ出候

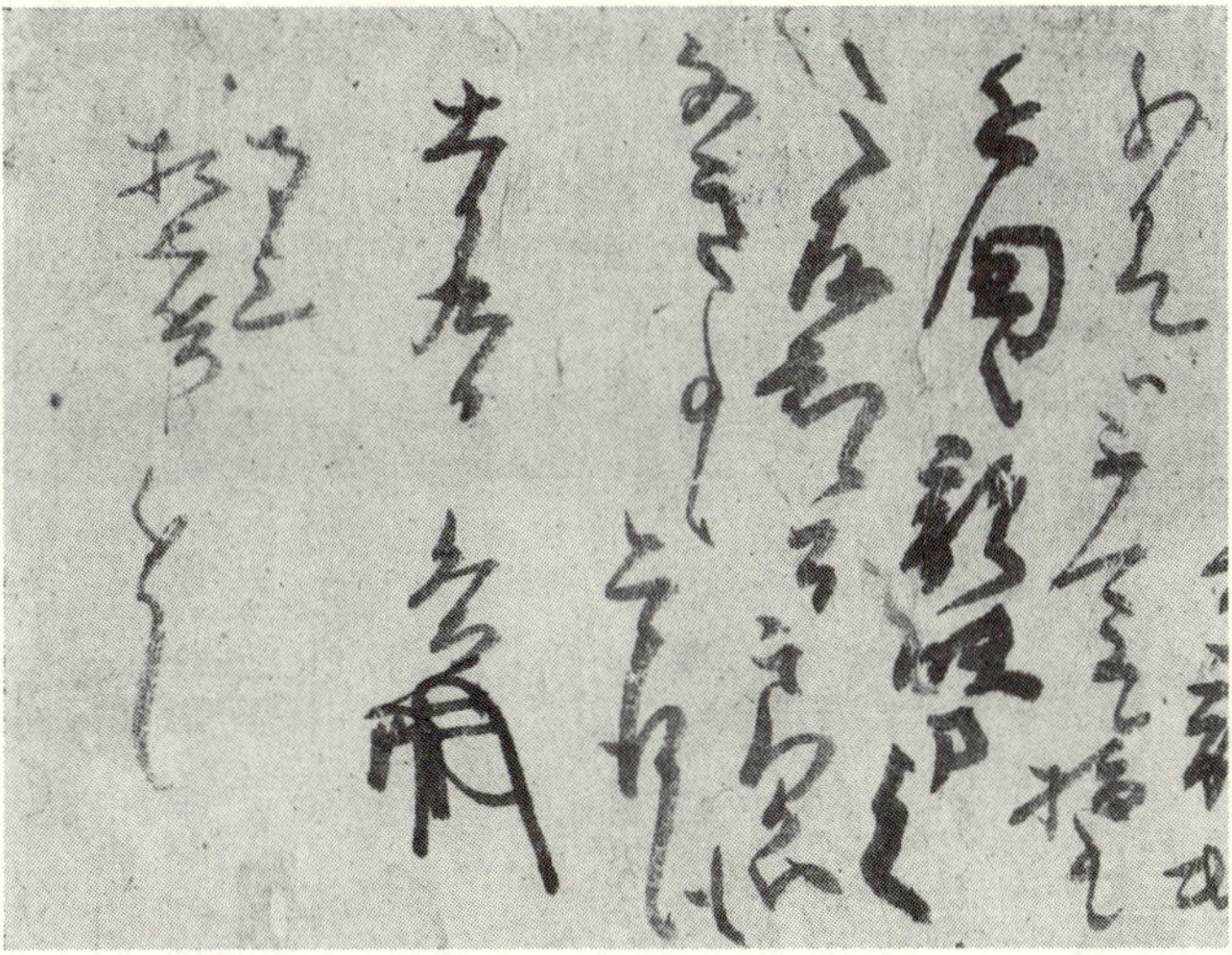

分にてハ不可有指事候
近国之敵味方よく
令存知候間きつかいも
なき事に候恐々謹言
十一月九日　久秀（花押）
寺上
松二兵　進之候

〔読み下し〕

御状披見せしめ候。仍《よっ》て、高槻《たかつき》の田舎衆の事承り候。さ様の由、こらへもなき衆は、此方にはいやにて候。また、敵には色々調略の由、殊にたたざる衆、敵へ出で候分にては指したる事有るべからず候。近国の敵味方よく存知せしめ候間、気遣《きづか》ひも無き事に候。恐々謹言

十一月九日　久秀（花押）

寺上

松二兵 之を進《まい》らせ候

〔現代語訳〕

御手紙拝見しました。高槻の田舎衆のことですが、あのようなこらえることのできない衆はこちらとしてはいやです。味方にはいりません。また、敵の調略を受け、籠絡《ろうらく》されてもさしたることはありません。近国の敵と味方の実力はよく承知していますので、気遣いにはおよびません。

戦国三梟雄

従来、「戦国三梟雄《きょうゆう》」などといわれることがあった。梟雄とは、残忍でたけだけしい人の

ことを意味し、悪辣《あくらつ》な手段でのしあがった武将ということで、北条早雲・斎藤道三・松永久秀の三人が「戦国三梟雄」といわれてきた。

もっとも、その後の研究で、北条早雲は、たしかに、合戦のときには卑怯《ひきよう》な手段を使っているが、領国経営はむしろ模範的ということで、「梟雄」という意識は薄くなっており、斎藤道三も、実は親子二代がかりの国盗《と》りで、これも「梟雄」とはいえないのではないかという空気が強い。ただ、松永久秀に関していえば、従来通りの理解が続いているといってよいように思われる。

久秀は三好長慶《みよしながよし》の家臣で、はじめは長慶の右筆だったといわれている。次第に頭角をあらわし、永禄三年（一五六〇）には、長慶の子義興《よしおき》と並び、幕府の供衆に列せられており、三好氏家臣団の中では群を抜いた地位にいたことがうかがわれる。

同七年（一五六四）、長慶が没するが、その前に義興も没しており、主家に代わって三好氏を代表する形となった。一説には、義興に毒を盛って殺したのは久秀で、それに気落ちして長慶が病気がちになって死んだともいう。さらに、長慶死後には、長慶の妻左京大夫局《さきようだいぶのつぼね》を腕ずくで奪い、自分の側室にしてしまったともいい、文字通り、「梟雄」ぶりを発揮している。

また、周知のように、永禄八年（一五六五）には、第十三代将軍足利義輝を弑逆《しいぎやく》し、さら

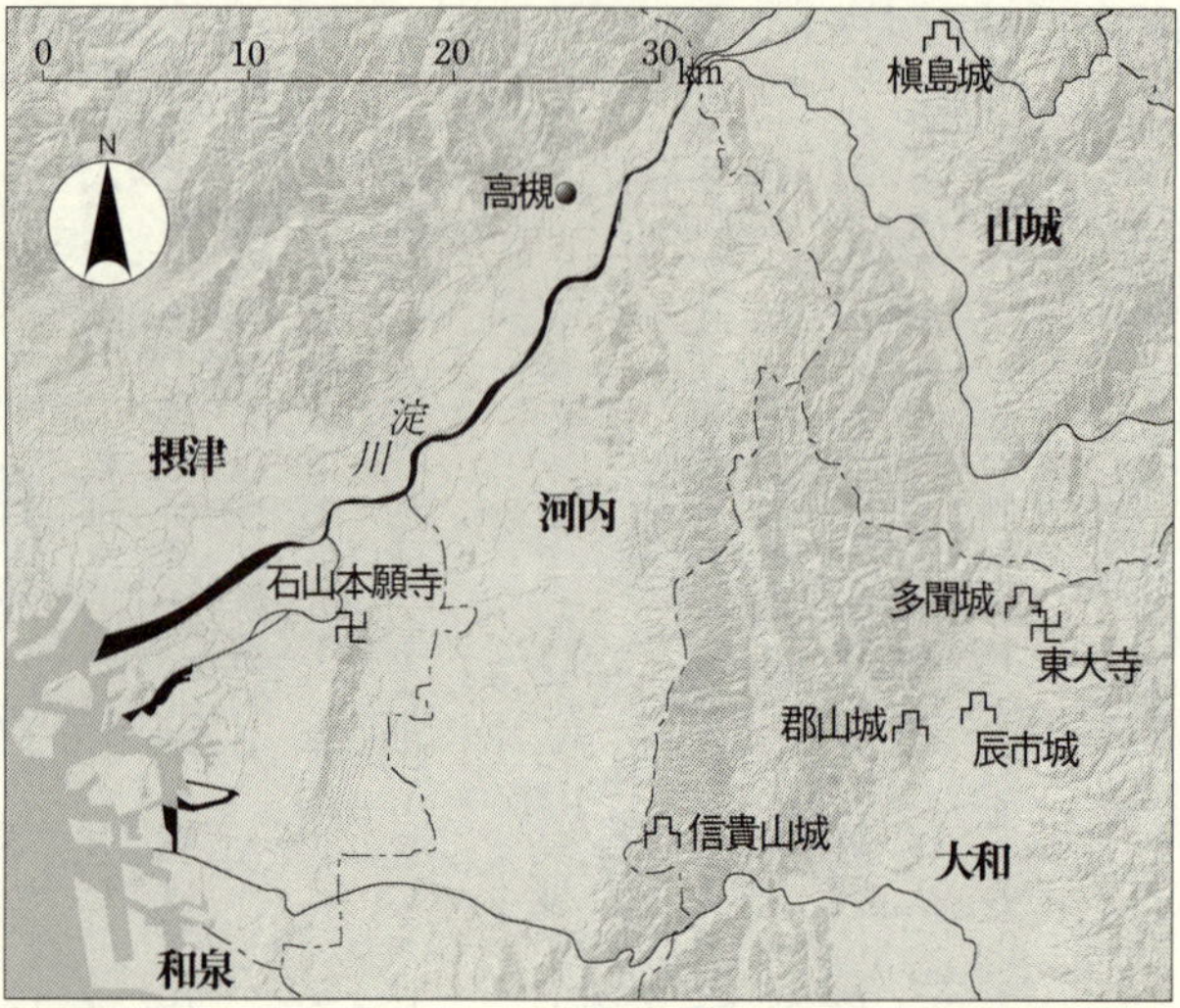

に、同十年には、三好三人衆（三好長逸《ながゆき》・三好政康《まさやす》・石成友通《いわなりともみち》）との戦いのとき、三人衆が本陣を置いた東大寺を攻め、大仏殿もろとも焼き払ったことで知られている。

ただ、これほどの悪逆無道のかぎりをつくした感のある久秀であるが、織田信長には気に入られ、永禄十一年（一五六八）九月、信長が足利義昭を擁して上洛したときには、いち早く、信長に人質を出して帰順し、また、すでに名物茶器として知られていた「つくもかみ」を進上し、大和支配をまかされているのである。

大和には、久秀のほかに筒井順慶が勢力を保っていた。ところが、信長・義昭のうしろ楯《だて》を得た久秀に対し、順慶はしばらく逼塞せざるをえない状況が続いたのである。

しかし、元亀元年（一五七〇）九月、石山本願寺《いしやまほんがんじ》の顕如《けんにょ》がはっきり信長に敵対しはじめたことにより、久秀はいつまでも大和で優位に立ってはいられなくなった。久秀軍主力が河内《かわち》に出陣している隙を衝《つ》いて、順慶が多聞《たもん》城の近くに辰市《たついち》城（奈良市西九条《さいくじょう》町）を築き、多聞城をおびやかしはじめたのである。

驚いた久秀は、信貴山《しぎさん》城にもどり、翌元亀二年八月四日、軍備を調えて辰市城の攻撃にかかったが、逆に大敗を喫し、五百もの兵を失ったという。『多聞院日記』にも「城州《じょうしゅう》ノ一期ニモ無之《これなき》程ノ合戦也」と記されている。「城州」とは、山城守の受領名を称した久秀のことである。

信長への反旗

このころ、久秀は、信長からの離反に踏みきっている。はっきり反旗をひるがえすのは翌々天正元年（一五七三）のことであるが、やや複雑な動きをはじめている。

ここに掲げた久秀の書状は、十一月九日とあるだけで、年の記載はないが、このころのものではないかと思われる。それは、文中、「高槻之田舎衆」の不甲斐《ふがい》なさをなじっている表現からの推測である。

久秀は辰市城攻撃の失敗のあと、摂津《せっつ》高槻方面に進んでおり、高槻から撤退している事実があるからである。ただ、宛名の「寺上」と「松二兵」はわからない。

さて、その後の久秀であるが、天正元年二月、武田信玄の上洛が近いとみた足利義昭が公然と信長に敵対し、それに呼応する形で久秀も信長に反旗をひるがえした。

しかし、信長によって槇島《まきしま》城を攻められた義昭は七月十八日、子義尋《ぎじん》を質として信長に降伏し、槇島城を退去している。この時点では義昭は将軍職を解任されたわけではないが、ここにおいて室町幕府は滅亡した形となった。結局、十二月には久秀も信長に降っている。信長は、一度背いた者は赦《ゆる》そうとしなかったことで知られているが、どういうわけか、久秀は赦しているのである。よほど、久秀の能力を高く評価していたのであろう。その後は、佐久間《さくま》信盛《のぶもり》のもとで石山本願寺攻めにあたっている。

その久秀、天正五年（一五七七）八月に再び信長に反旗をひるがえし、信長は、はじめ、松井《まつい》友閑《ゆうかん》を久秀のもとに遣わし、説得を試みさせている。しかし、久秀の決意は固く、結局、信長の嫡子信忠の大軍に信貴山城を攻められ、十月十日、自刃している。ちょうど十年前の十月十日、久秀が大仏殿を焼いていたことから、世間では、その因果だと噂しあったという。

また、このとき、久秀は、信長が欲しがっていた名物茶器として有名な「平蜘蛛《ひらぐも》の茶釜《ちゃがま》」の提供を断ったばかりか、自刃のとき打ち砕いたといわれる。一説には、茶釜に火薬を入れ、自爆したともいう。

20 毛利元就自筆書状——わが半生を語る

毛利元就肖像（山口県防府市・毛利博物館蔵）

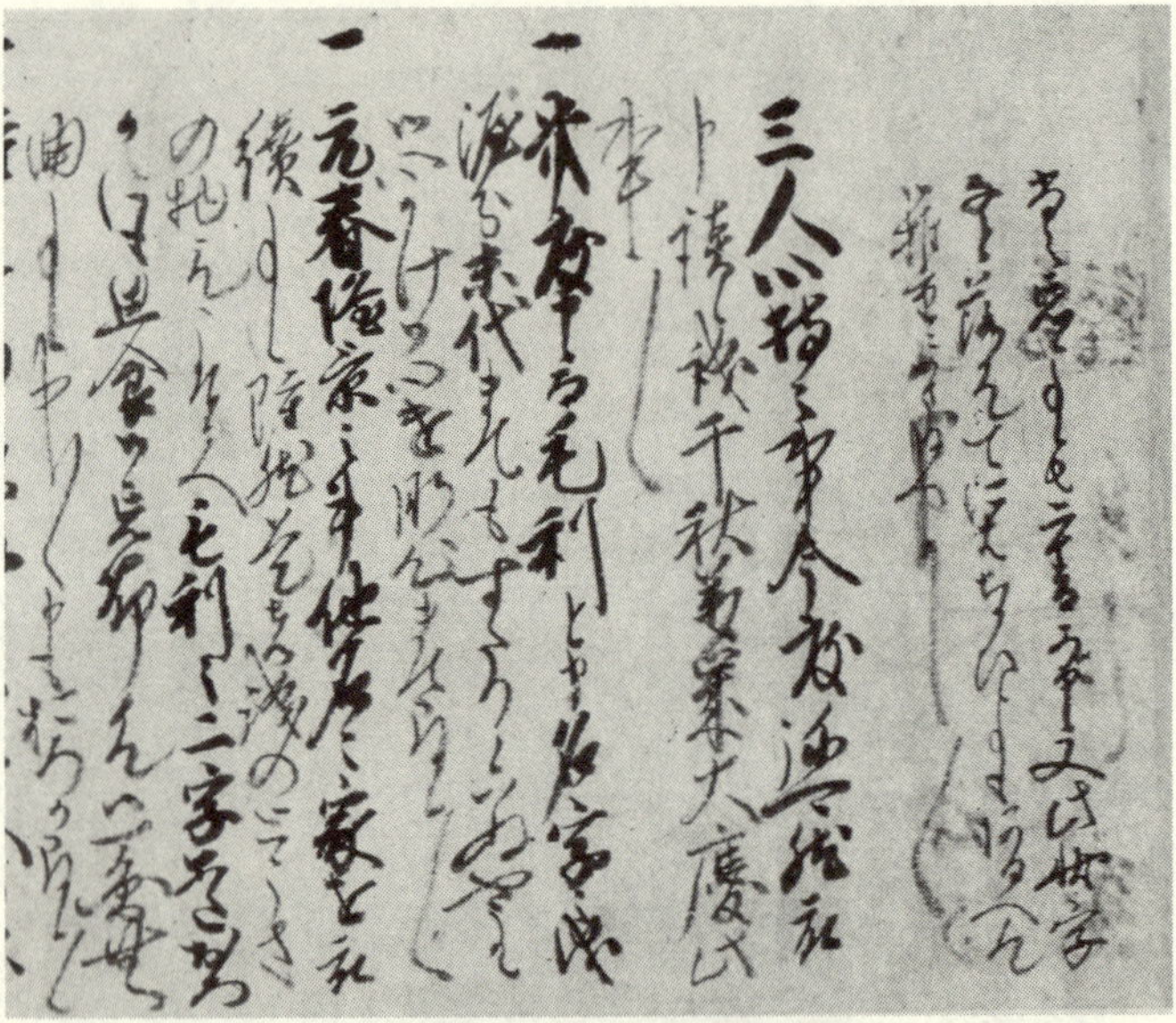

（山口県防府市・毛利博物館蔵）

〔翻刻〕

尚々忘候事候者重而可申候又此状字
なと落候てゝにはちかひ候事もあ
るへく候
　御推量ニめさるへく候〳〵
三人心持之事今度弥可然被
申談候誠千秋萬歳大慶此
事候〳〵
一幾度申候而毛利と申名字之儀
涯分末代まてもすたり候ハぬやうニ
御心かけ御心遣肝心まてにて候〳〵
一元春隆景之事他名之家を被
續事候雖然是者誠のとうさ
の物ニてこそ候へ毛利之二字あたおろ
かにも思食御忘却候てハ一圓無
曲事候中〳〵申もおろかにて候〳〵

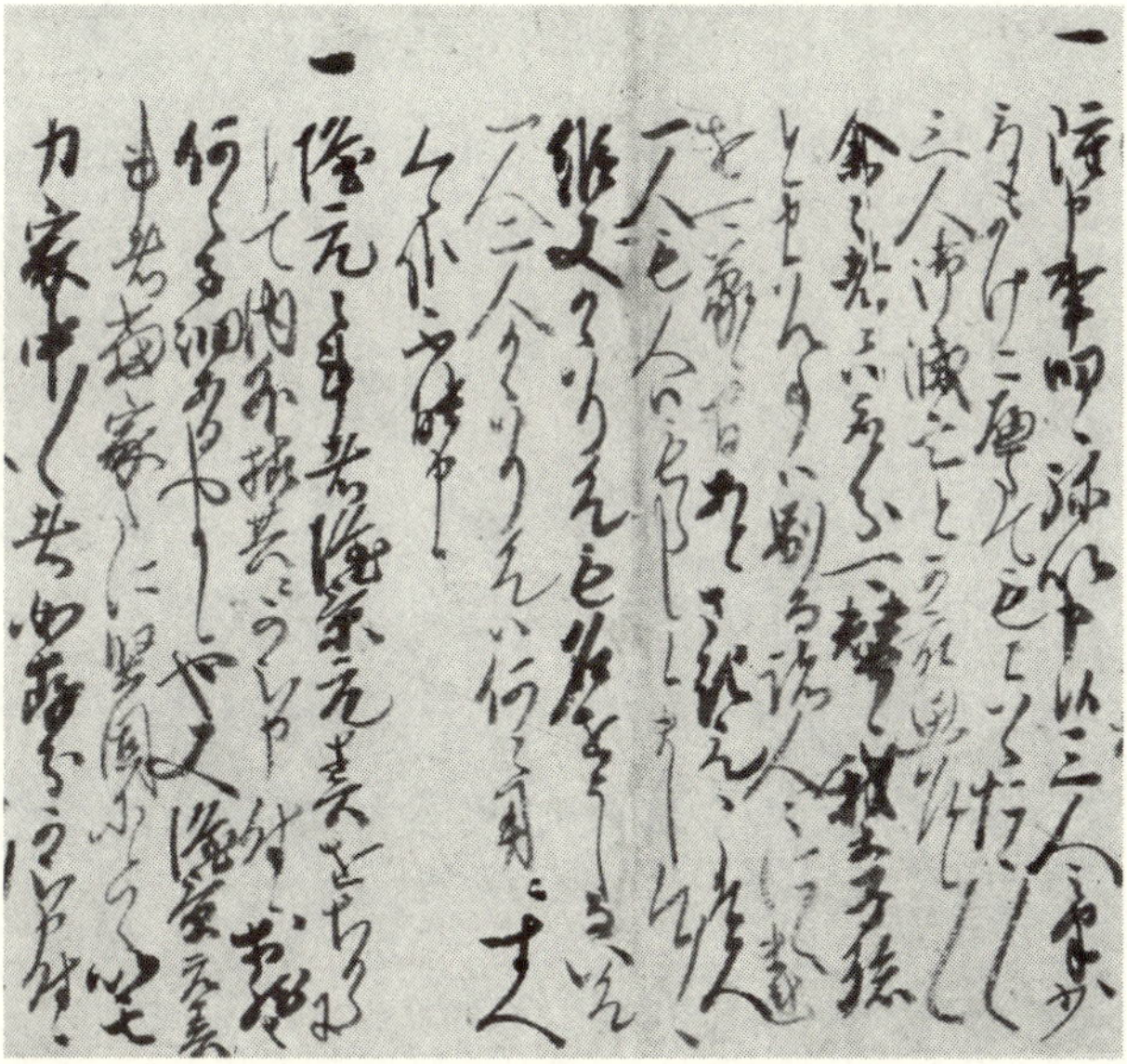

一雖申事旧候弥以申候三人之半少
ニてもかけこへたても候ハヽたヽく
三人御滅亡と可被思召候く
余之者ニハ取分可替候我等子孫
と申候ハん事ハ別而諸人之にくまれ
を可蒙候間あとさきニてこそ候へ
一人も人ハもらし候ましく候く
縦又かヽハり候ても名をうしない候
て
一人二人かヽハり候てハ何之用ニすへ
く候哉不能申候
一隆元之事者隆景元春をちからに
して内外様共ニ可被申付候於然者
何之子細あるへく候や又隆景元春
事者当家たに堅固に候ハヽ以其
力家中く者如存分可被申付候

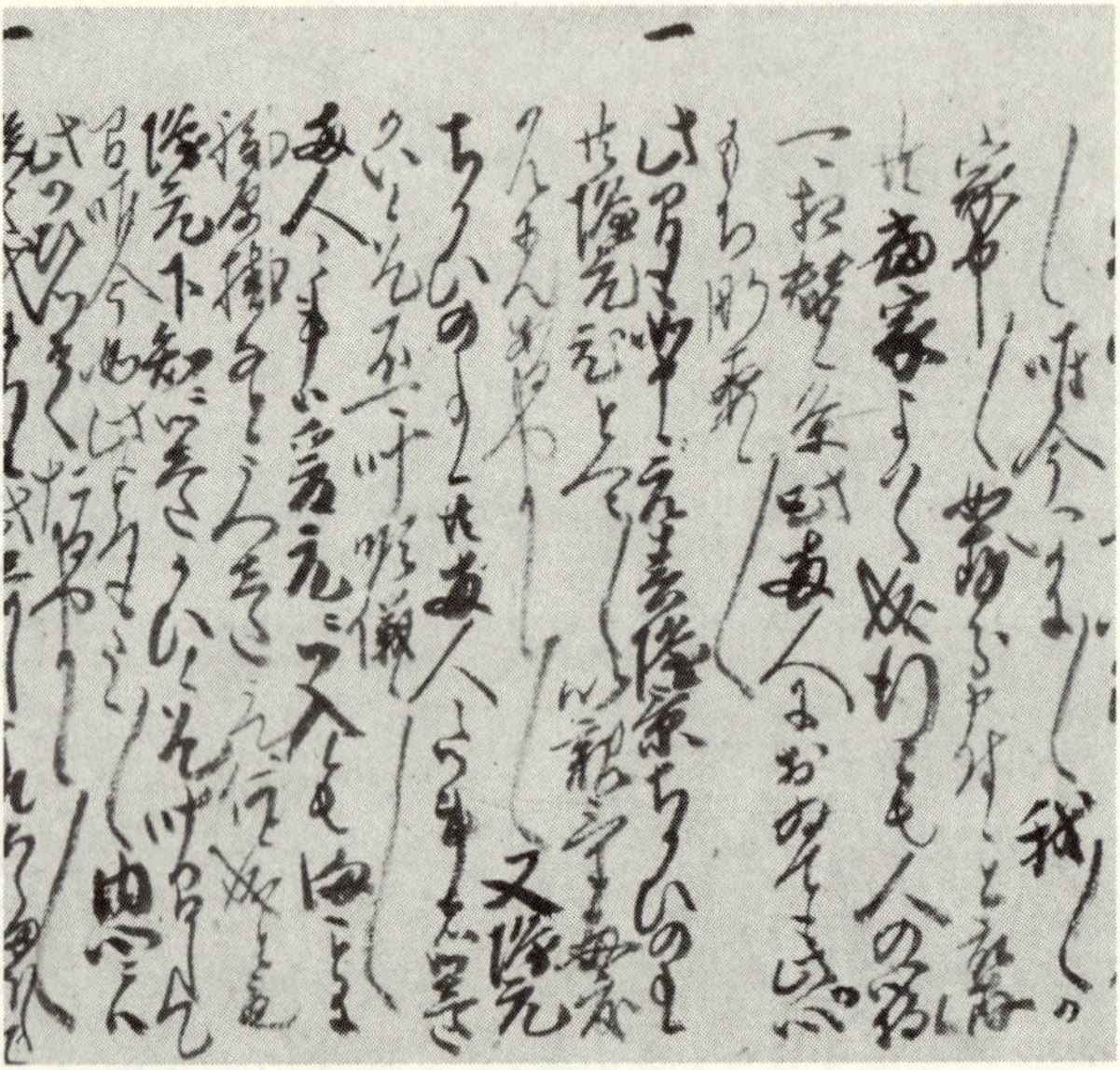

〱唯今いかに〱我々か
家中〱如存分申付候と被存
候共当家よハ〱成行候者人の心持
可相替候条此両人におゐても此御心
もち肝要候〱
一此間も如申候元春隆景ちかひの事候
共隆元ひとへニ〱以親気毎度
かんにんあるへく候〱又隆元
ちかひの事候共両人之御事者御した
かい候ハて不可叶順儀候〱
両人之事ハ爰元ニ御入候者まことに
福原桂なとうへしたニて何と成とも
隆元下知ニ御したかひ候ハて叶間しく
候
間唯今如此候とてもたゝ〱内心ニハ
此御ひつそくたるへく候〱

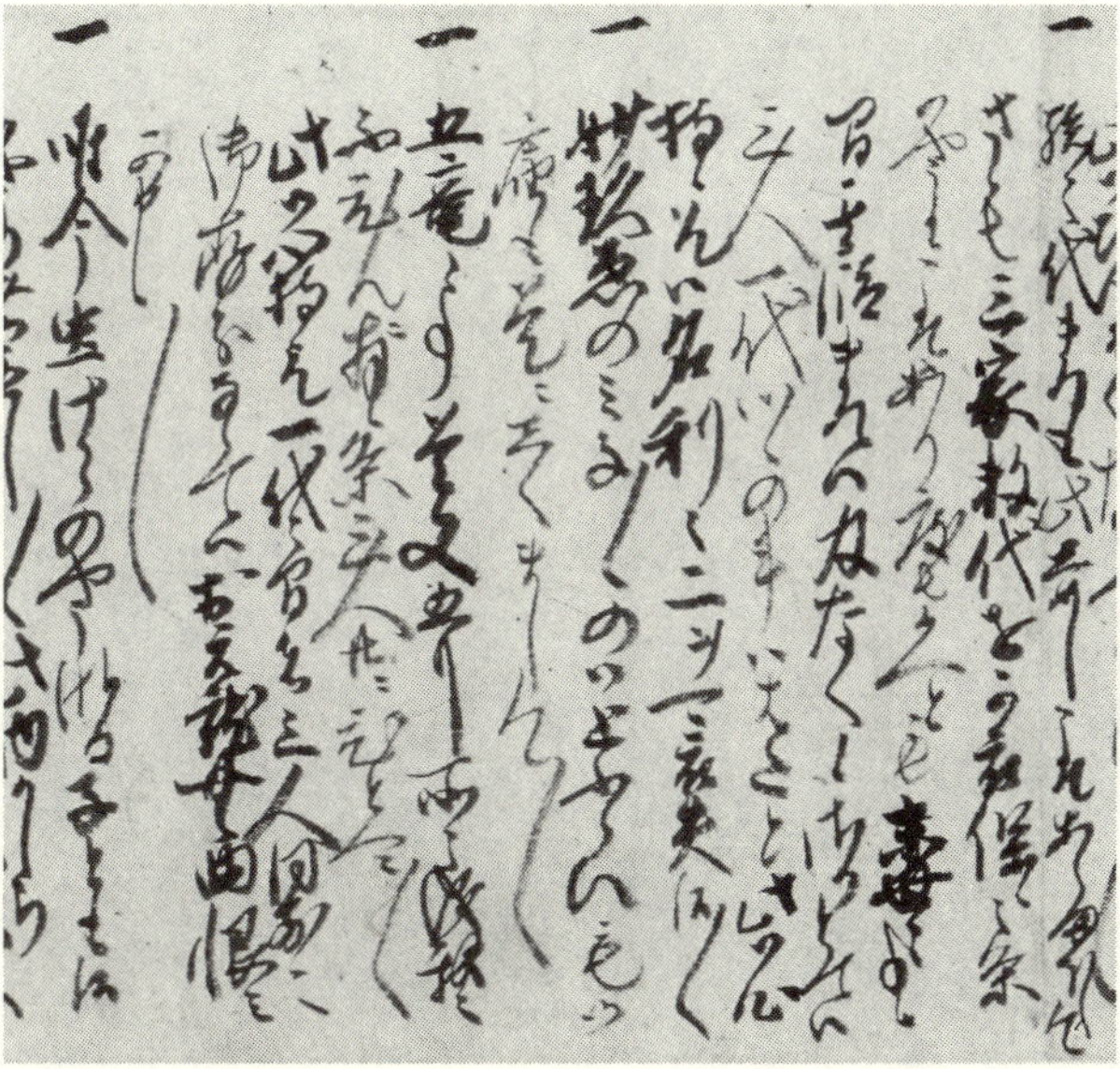

一孫之代までも此しめしこそあらまほし
く候
さ候者三家数代を可被保候之条
かやうにこそあり度者候へとも末世之
事候
間其段まてハ及なく候さりとてハ
三人一代つゝの事ハはたと此御心
持候ハてハ名利之二ヲ可被失候〳〵
一妙玖ゑのミなく〳〵の御とふらいも御
届も是ニしくましく候〳〵
一五竜之事是又五もし所之儀我々
ふひんニ存候条三人共ニひとへニ〳〵
此御心持ニて一代之間者三人同前之
御存分ならてハ於元就無曲恨ミ
可申候〳〵
一唯今虫けらのやうなる子とも候

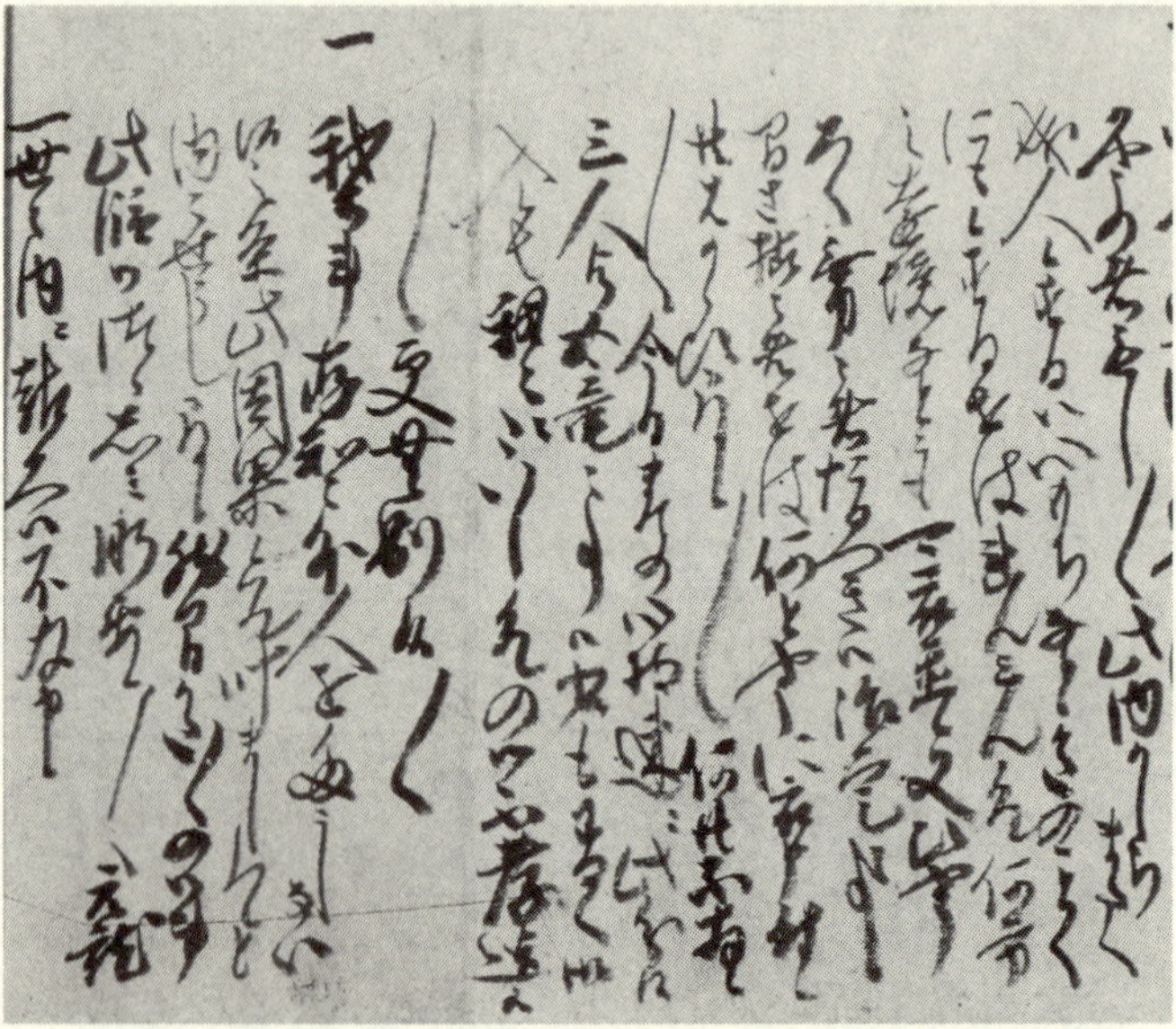

かやうの者もし〱此内かしらまたく
成人候するハ心もちなとかたのことく
にも候するをはれんみん候て何方
之遠境なとニも可被置候又ひやう
ろく無力之者たるへきハ治定之事候
間さ様之者をは何とやうに被申付候
共はからひにて候〱何共不存候
〱今日までの心持速ニ此分候
三人と五竜之事ハ少もわるく御
入候者我々ニたいし候ての御不孝迄候
〱更無別候〱
一我等事存知之外人を多うしない
候之条此因果候ハて叶ましく候と
内々せうしにて候然間かた〱の御事
此段御つゝしミ肝要候〱元就
一世之内ニ報候へハ不及申候

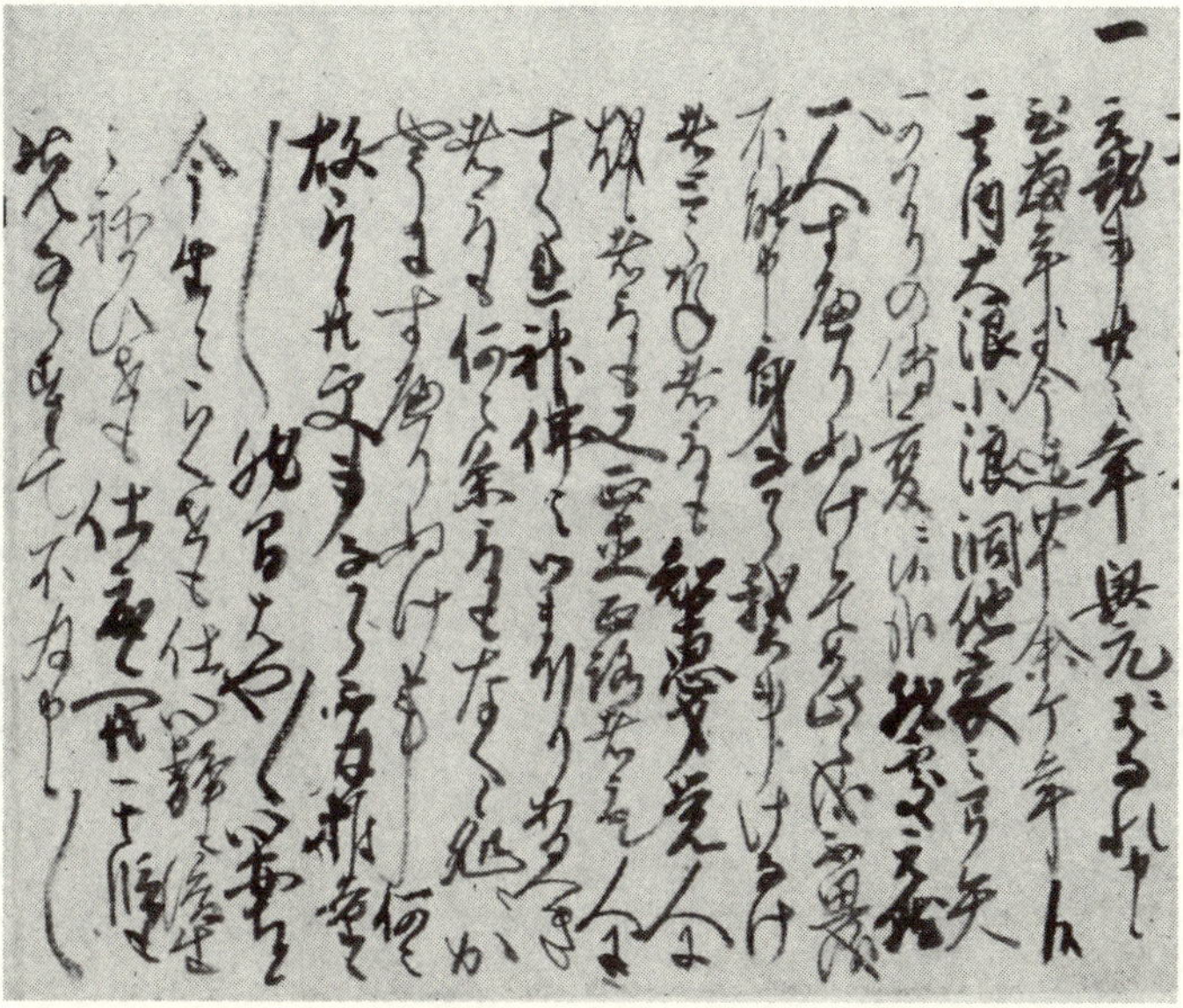

一元就事廿之年興元ニはなれ申候
至当年于今迄四十余ヶ年候
其内大浪小浪洞他家之弓矢
いかハかりの傳変ニ候哉然處元就
一人すへりぬけ候て如此之儀不思議
不能申候身なから我等事けなけ
者とうほね者ニても知恵才覚人に
越候者ニても又正直正路者にて人に
すくれ神佛之御まほりあるへき
者ニても何之条ニてもなく候処ニか
やうにすへりぬけ候事何之
故にて候共更身なから不及推量候
〱然間はやく〱心安ちと
今生之らくをも仕心静ニ後生
之ねかひをも仕度候へ共其段も
先ならす候て不及申候〱

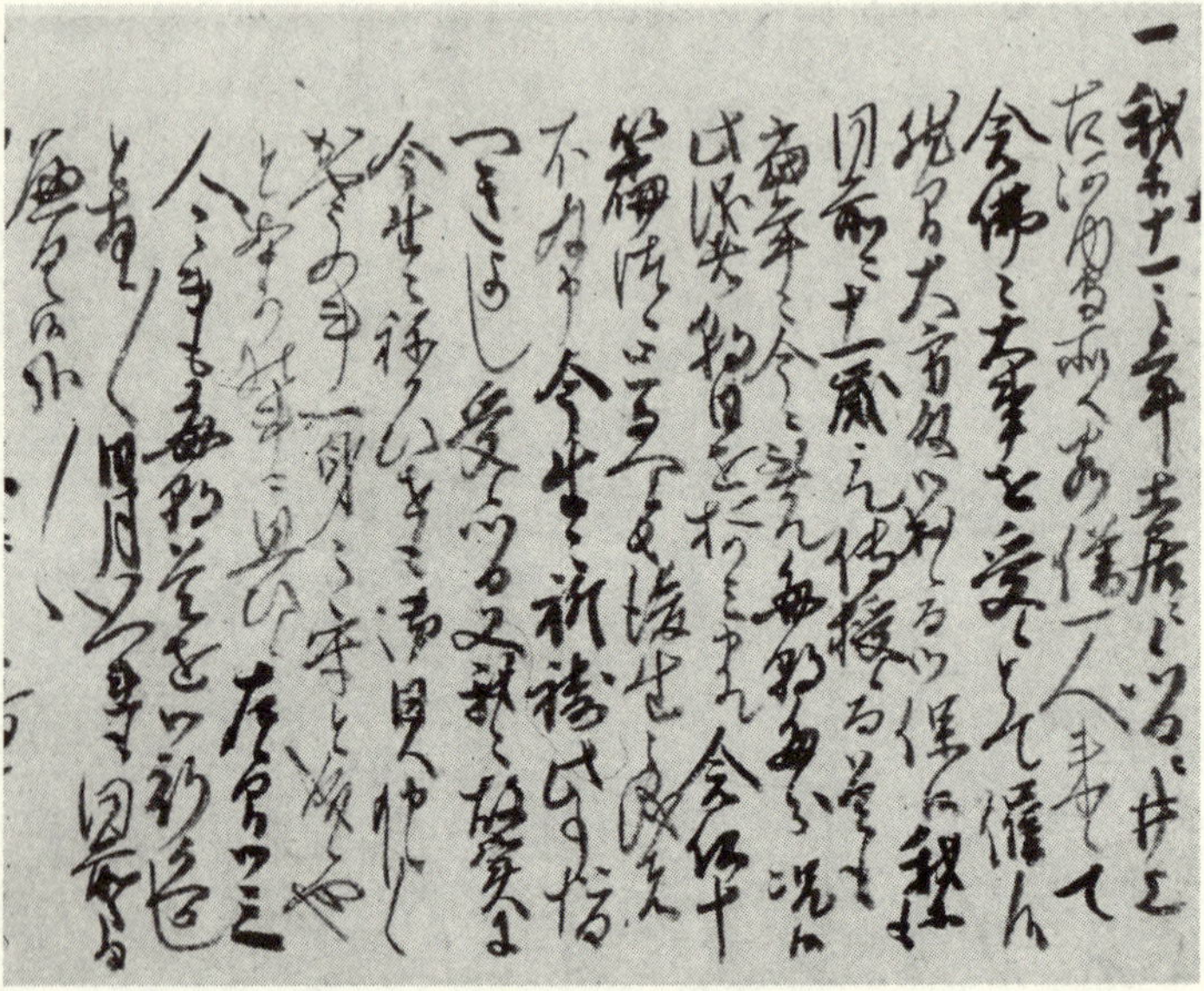

一我等十一之年土居ニ候つるニ井上
古河内守所へ客僧一人来候て
念佛之大事を受候とて催候
然間大方殿御出候而御保候我等も
同前ニ十一歳ニて傳授候而是も
当年之今ニ至候て毎朝多分呪候
此儀者朝日をおかみ申候て念佛十
篇つゝとなへ候者後生之儀者
不及申今生之祈禱此事たる
へきよし受候つる又我々故実に
今生のねかひをも御日へ申候もしく
かやうの事一身之守と成候や
とあまりの事ニ思ひ候左候間御三
人之事も毎朝是を御行候へかし
と存候〳〵日月いつれも同前たる
へく候哉〳〵

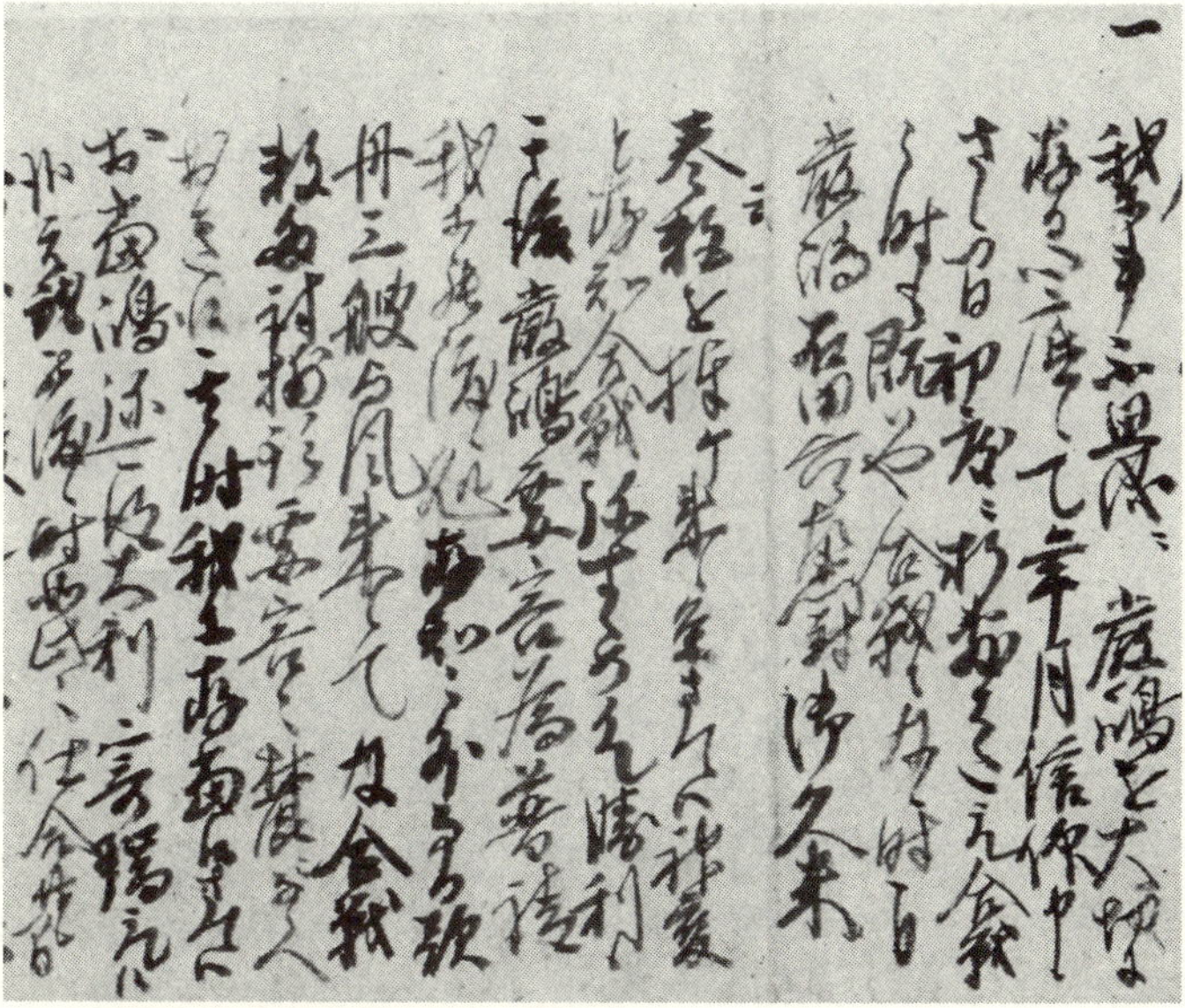

一我等事不思議ニ　厳嶋を大切に
存る心底候て年月信仰申候
さ候間初度ニ折敷はたにて合戦
之時も既ハや合戦に及候時自
厳嶋石田六郎左衛門尉御久米
巻数を捧ケ来候条されハ神変
と存知合戦弥すゝめ候て勝利候
其後厳嶋要害為普請
我等罷渡候処存知之外なる敵
舟三艘与風来候て及合戦
数多討捕頸要害之麓ニならへ
おき候其時我等存当候さてハ
於厳嶋弥可得大利寄端ニて候
哉元就罷渡候時如此之仕合共候間

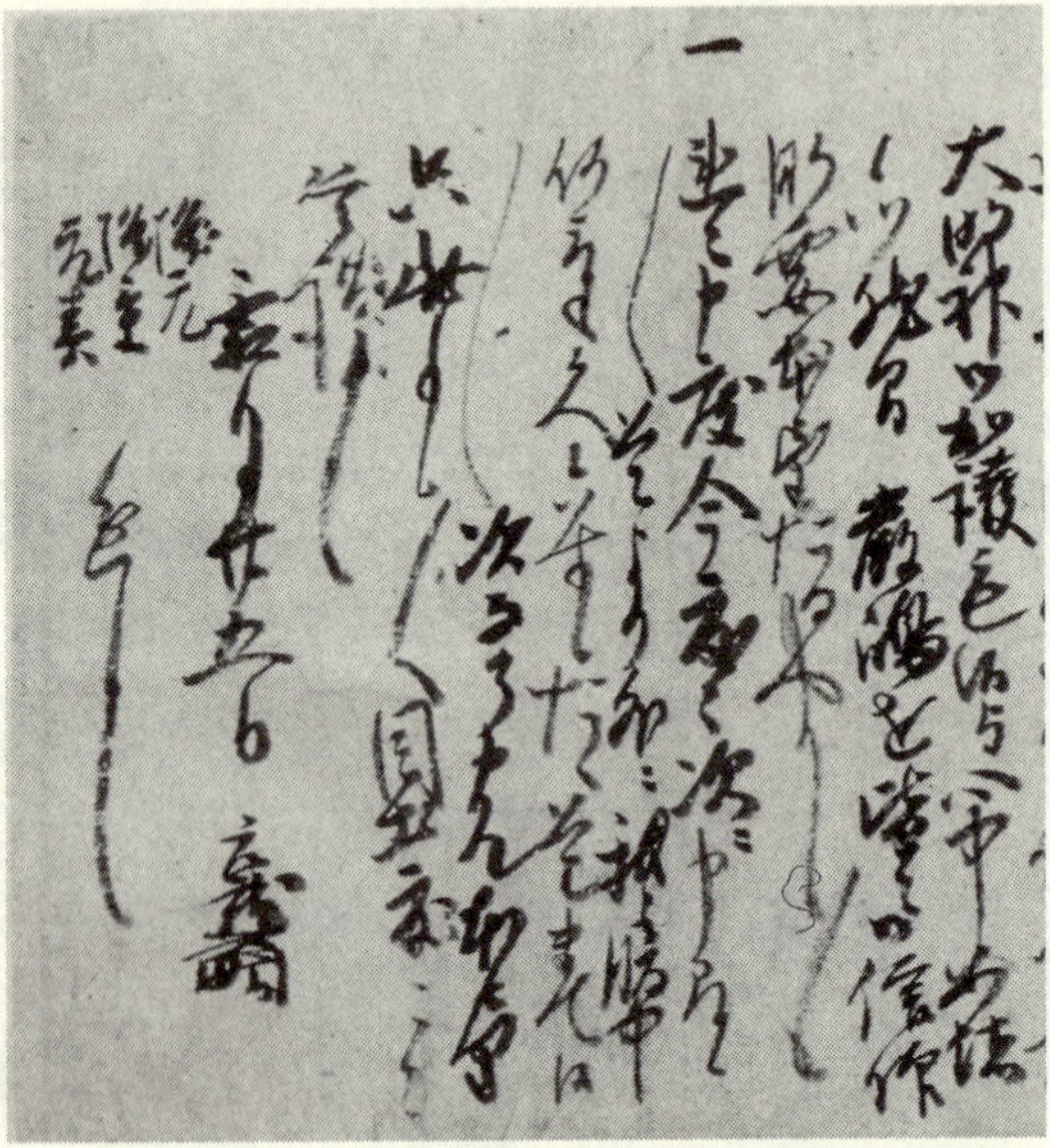

大明神御加護も候と心中安堵
候つ然間厳嶋を皆々御信仰
肝要本望たるへく候〳〵
一連々申度今度之次ニ申にて候
〳〵是より外ニ我々腹中
何ニても候へ候ハす候たゝ是まて候
〳〵次なから申候て本望
只此事候〳〵目出度々々
恐々謹言
霜月廿五日　　元就（花押）
隆元
隆景　進之候
元春

〔読み下し〕

尚々《なおなお》、忘れ候事候はば、重ねて申すべく候。又、此の状、字など落ち候て、てには違ひ候事もあるべく候。御推量にめさるべく候〳〵。

三人の心持ちの事、今度いよいよ然《しか》るべく申し談ぜられ候。誠に千秋万歳、大慶この事に候〳〵。

一幾度《いくたび》申し候ても、毛利と申す名字の儀、涯分《がいぶん》末代までもすたり候はぬやうに御心懸け御心遣《づか》ひ肝心までにて候〳〵。

一元春・隆景の事、他名の家を続けらる事に候。然《しかり》と雖《いえど》も、是は誠の当座の物にてこそ候へ。毛利の二字あだおろかにも思《おぼ》し食《め》し、御忘却候ては一円曲《きょく》無き事に候。中〳〵申すも愚かにて候〳〵。

一申す事旧《ふる》び候と雖も、いよいよもつて申し候。三人の半《なかば》、少しにても懸子《かけご》・隔《へだ》ても候はば、ただ〳〵三人御滅亡と思し召さるべく候〳〵。余の者には取りわけ替はるべく候。我等子孫と申し候はん事は、別して諸人のにくまれを蒙《こうむ》るべく候間、あとさきにてこそ候へ、一人も人は洩《も》らし候まじく候〳〵。縦《たと》い又、かかはり候ても、名を失ひ候て、一人二人かかはり候ては、何の用にすべく候や、申す能《あた》はず候。

一隆元の事は、隆景・元春を力にして、内外様共に申し付けらるべく候。然るにおいては、何の子細あるべく候や。又、隆景・元春の事は当家だに堅固に候はば、その力を以て家中〳〵は存分の如く申し付けらるべく候〳〵。唯今いかに〳〵我々が家中〳〵存分の如く申し付け候と存ぜられ候共、当家弱く成り行き候はば、人の心持ち相替はるべく候条、この両人においてもこの御心持ち肝要に候〳〵。

一この間も申し候如く、元春・隆景違ひの事候共、隆元ひとへに〳〵親気を以て、毎度堪忍あるべく候〳〵。又、隆元違ひの事候共、両人の御事は御従ひ候はで順儀に叶ふべからず候〳〵。両人の事は、爰元《ここもと》に御入り候はば、まことに、福原・桂など上下にて何と成とも隆元下知に御従ひ候はで叶ふまじく候間、唯今かくの如く候とても、ただ〳〵内心にはこの御逼塞《ひっそく》たるべく候〳〵。

一孫の代までもこのしめしこそあらまほしく候。さ候はば、三家数代を保たるべき候の条、かやうにこそあり度《たき》者に候へども、末世の事に候間、その段までは及びなく候。さりとては、三人一代づつの事は、はたとこの御心持ち候はでは、名利の二つを失はるべく候〳〵。

一妙玖《みょうきゅう》への皆々の御弔《とむら》いも御届けも是にしくまじく候〳〵。

一五竜の事、是又五もじの所の儀、我々不憫《ふびん》に存じ候条、三人共にひとへに〳〵この御心持ちにて、一代の間は、三人同前の御存分ならでは元就において曲無く恨み申すべく候〳〵。

一唯今虫けらのやうなる子ども候。かやうの者、もし〳〵この内かしらまたく成人候ずるは、心持ちなど、形の如くにも候ずるをば、憐愍《れんびん》候て、何方《いずかた》の遠境などにも置かるべく候。又、ひやうろく、無力の者たるべきは治定の事に候間、さ様の者をば、何と用に申し付けられ候共、計《はか》ひにて候〱。何共存ぜず候〱。今日迄の心持ち、速《すみやか》にこの分に候。三人と五竜の事は少しも悪く御入り候はば、我々に対し候ての御不孝迄に候〱。更に別無く候〱。

一我等事、存知の外、人を多く失い候の条、この因果候はで叶ふまじく候と、内々笑止にて候。然る間、方々の御事、この段御慎しみ肝要に候〱。元就一世の内に報ひ候へば申すに及ばず候。

一元就事、廿の年、興元《おきもと》に離れ申し候。当年今に至る迄四十余ヶ年に候。その内大浪・小浪、洞、他家の弓矢、いかばかりの伝変に候や。然る処、元就一人すべりぬけ候て、かくの如きの儀、不思議申す能《あた》はず候身ながら、我等の事、けなげ者とうほね者にても、知恵・才覚人に越え候者にても、又、正直・正路者にて、人にすぐれ、神仏の御守りあるべき者にても、何《いず》れの条にてもなく候処に、かやうにすべりぬけ候事、何の故にて候共、更に身ながら推量に及ばず候〱。然る間、早々心安く、ちと今生の楽をも仕り、心静かに後生の願ひをも仕りたく候へ共、その段も先ならず候て、申すに及ばず候〱。

一我等十一の年、土居《どい》に候つるに、井上古河内守《いのうえこかわちのかみ》所へ客僧一人来候て、念仏の大事を受け候とて、催し候。然る間、大方殿《おおかたどの》御出候て、御保ち候。我等も同前に、十一歳にて伝授候て、是も当年の今に至り候て、毎朝多分に呪《まじな》ひ候。この儀は、朝日を拝み申し候て、念仏十篇づつ唱へ候はば、後生の儀は申すに及ばず、今年の祈禱この事たるべきよし、受け候つる。又、我々故実《こじつ》に、今生の願ひをも御日へ申し候。もし〳〵かやうの事、一身の守と成り候やと、あまりの事に思ひ候。左候間、御三人の事も、毎朝是を御行ひ候へかしと存じ候〳〵。日月いづれも同前たるべく候哉〳〵。

一我等事、不思議に厳嶋《いつくしま》を大切に存ずる心底候て、年月信仰申し候。さ候間、初度に、折《お》敷畑《しきばた》にて合戦の時も、既にはや合戦に及び候時、厳嶋より石田六郎左衛門尉、御久米巻数《かんず》を捧《ささ》げ来り候条、されば神変と存じ、合戦いよいよ進めて勝利候。その後、厳嶋要害普請のため、我等罷《まか》り渡り候処、存知の外なる敵舟三艘、ふと来候て合戦に及び、数多頸《あまたくび》を討捕り、要害の麓に並べ置き候。その時、我等存じあたり候。さては、厳嶋において、いよいよ大利を得る寄端《(奇瑞)》にて候や。元就罷り渡り候時、かくの如きの仕合《しあわせ》共候間、大明神御加護も候と、心中安堵候つ。然る間、厳嶋を皆々御信仰肝要本望たるべく候〳〵。

一連々《れんれん》申し度き今度の次《ついで》に申すにて候〳〵。是より外に我々腹中、何にても候へ候はず候。ただ是までに候〳〵。次ながら申し候て本望只《ただ》この事に候〳〵。目出度《めでた》し、目出度し。

恐々謹言

霜月廿五日　　元就（花押）

隆元
隆景　之をまゐらせ候
元春

〔現代語訳〕（条数の番号を付した）

隆元・元春・隆景の三人の心持ちのこと、今回、話しあうことができ、この上ない喜びです。

⑴一　何度も申しますが、毛利という名字、末代まですたることのないよう、その心懸けと御心遣いが大切です。

⑵一　元春と隆景は他家を継いでいますが、これは当座のことで、毛利という二字をあだやおろそかにして忘れるようなことは絶対してはなりません。

⑶一　いうことは古いことかもしれませんが、この際なので申しあげます。隆元・元春・隆景の三人の仲のことです。少しでも懸子のような仕切りや隔てがでてくると、三人とも滅亡すると思って下さい。他家の者は、毛利家にとって替わろうと思っています。我等の子孫は諸人から憎まれているわけなので、一族の人間は結束を固め、一人も洩ら

してはいけません。三人の結束が大事で、一人、二人では何の役にもたちません。

(4)一　隆元は、弟の隆景と元春を力にして下さい。また、隆景・元春は、毛利本家さえ堅固であれば、その力で家中を治めることができます。毛利本家が弱くなれば、当然、人の心持ちも変わってきますので、隆景・元春の両人は、この心持ちを大事にして下さい。

(5)一　この間も申しあげましたが、元春・隆景が隆元と意見が違うことがあった場合、隆元が堪忍することも大事ですが、元春・隆景も兄の意見に従うようにして下さい。両人が従えば、福原や桂といった重臣たちまで隆元の下知に従うことになるでしょう。意見が違うことがあっても、できるだけ表には出さず、内に秘めるようにして下さい。

(6)一　孫の代まで、ここに示したことが残ってほしいものです。そうすれば、毛利も吉川も小早川も数代にわたって家を保つことができるでしょう。そうありたいと思います。ただ、末世まではしばるわけにはいきません。とりあえずは、三人が一代の間、ここに示したことを心に持ち続けることが大事です。そうでなければ、名利の二つを失うことになるでしょう。

(7)一　亡き妻であり、そなたたちの母である妙玖への御弔いなども欠かさぬようにして下さい。

(8)一　そなたたちの姉妹である五竜のことですが、私も不憫に思っています。三人もその心持ちでいて下さい。そうでなければ恨みに思います。

(9)一　今はまだ虫けらのようなそなたたちの弟のことですが、成人するまで憐愍の心で接し、成人してからは遠境の地の守りにつかせても構いません。くどいようですが、姉妹の五竜を見捨てるようなことがあれば、親不孝と思います。

(10)一　私は、思いの外多くの人を殺してきてしまいました。この因果を受けるものと覚悟はしています。そなたたちもその思いで身を慎むことが肝要です。ただ、私が生きている間にその報いを受ければ何もいうことはありません。

(11)一　私が二十歳のときに兄の興元が死んでしまいました。それから今に至る迄四十年余りたちましたが、その間、大浪・小浪に襲われました。一族内部の争い、他家との戦い、それはそれは大変でした。ところが、私一人、すべりぬけて、今このように生きていることは何とも不思議なことといわなければなりません。私は、特に、健気《けなげ》だったわけでもなく、また、知恵や才覚が人に越えていたわけでもありません。正直というわけでもなく、神仏のお守りがあったわけでもなく、いずれも該当しないのですが、このようにすべりぬけてきたことはどうしてなのか私にもわかりません。そのようなわけなので、少し今生の楽しみも味わい、心静かに後生を願おうとするのですが、そうもいきそうにありません。

(12)一　私が十一歳のとき、土居（猿掛城《さるがけ》）に住んでいたのですが、井上古河内守のところに客僧がきて、念仏を唱えるときの秘事を伝えました。そのとき、父弘元《ひろもと》の側室だった大方殿も出てきて、十一歳の私も念仏を唱えるようになり、毎朝お唱えしています。これは、朝日に向かって念仏を十篇ずつ唱えるもので、こうすることによって、後生のことはいうまでもなく、祈禱したことになります。今生の願い事も太陽にお願いしています。これによって私は守られてきたのだと思います。ですから、三人も、毎朝そのようにしてほしいと思っています。太陽でも月でも同じです。

⒀一　私は、不思議と厳嶋大明神を大切に思う心があって、ずっと信仰しています。そうしたこともあって、最初の折敷畑《おしきばた》の戦い（天文二十三年〔一五五四〕）のとき、戦いがはじまる直前、石田六郎左衛門尉が厳嶋からの祈禱の巻数《かんず》を捧げてきて、これによって勝つことができました。その後、厳嶋要害（宮尾《みやのお》城）を普請のため、島に渡ったところ、思わぬところから敵船三艘がきて合戦となりましたが、勝つことができ、取った敵の頸を要害の麓に並べ置きました。そのとき、私は、厳嶋大明神の奇瑞《きずい》というものを感じました。このようなわけで、わが家は厳嶋大明神の御加護があります。そのことで心も安まります。ですから、皆も厳嶋大明神への信仰を大切にして下さい。

⒁一　いろいろといいたいことを述べてきました。これよりほかにいうべきことはありません。本望です。めでたし、めでたし。

厳島（広島県廿日市市宮島町）

（追而書）尚々、書き忘れたことがあれば、また書きます。この書状、字など脱落があったり、「てには」が違っているかもしれません。推量して下さい。

国人から大名へ

毛利元就は、戦国武将の中で一番筆まめだったのではないかと思われる。特に、長男で毛利家の家督をついだ隆元と、二男で吉川家をついだ元春、三男で小早川家をついだ隆景の三人に宛てたものが多い。話をしただけではすぐ忘れられてしまうと思ったのであろう、文字にして遺《のこ》そうとしたのである。

元就は安芸の国人領主の一人毛利弘元の二男として明応《めいおう》六年（一四九七）に生まれてい

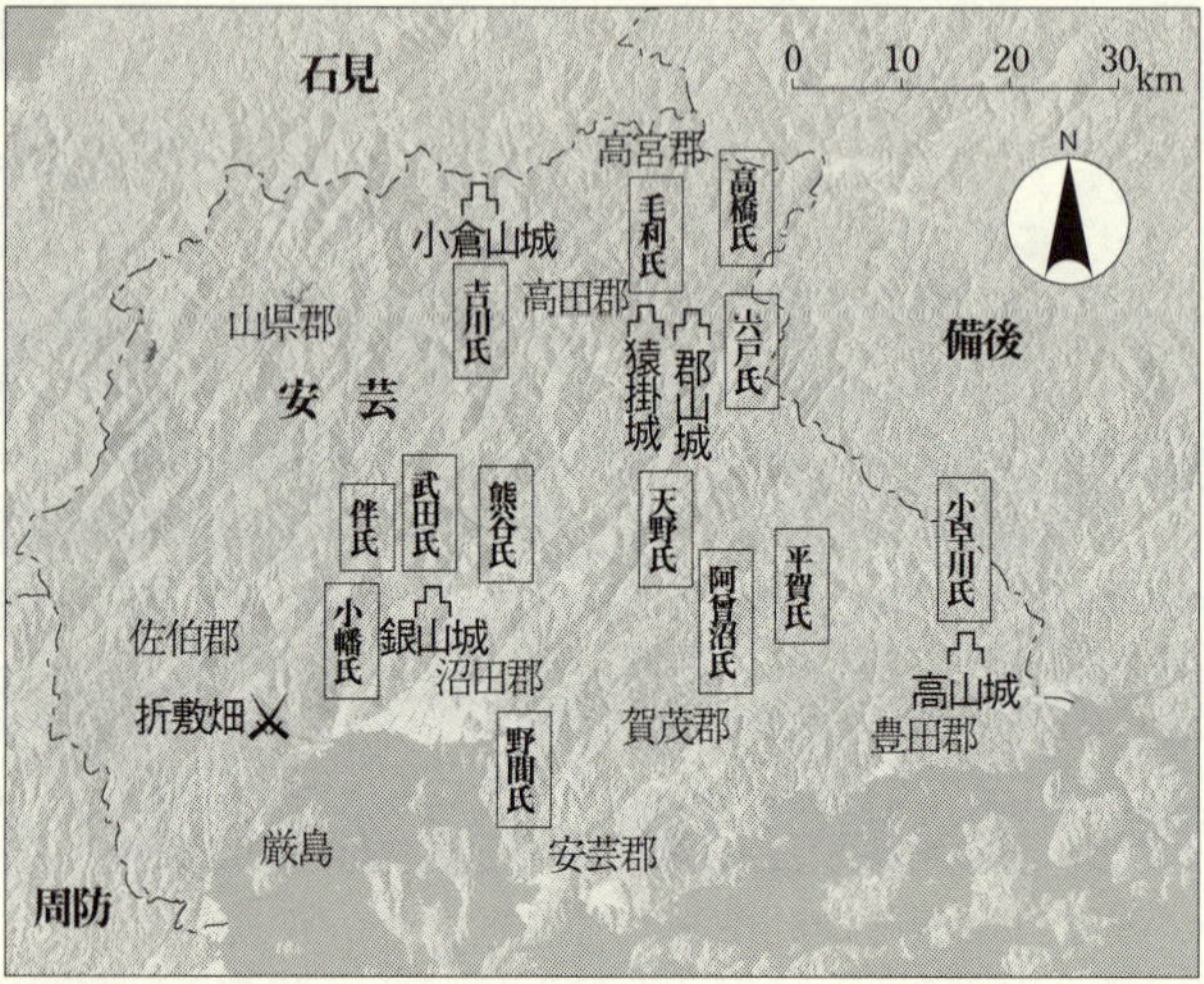

る。家督を兄の興元がついだが、永正《えいしょう》十三年（一五一六）、その興元が二十四歳の若さで死んでしまった。「酒害」といわれているので、酒の呑《の》みすぎであろう。あとを興元の子幸松《こうまつ》丸《まる》がついだが、その幸松丸が九歳で死んでしまったので、大永《たいえい》三年（一五二三）、二十七歳の元就が家督をついでいる。

しかし、そのころの毛利家は、三十人ほどいる安芸の国人領主の一つにすぎなかった。『毛利家文書』の中に「申合条々事」と題する一揆契状《いっきけいじょう》がある。署名を一列にではなく、放射状に輪を描くようにしていることから傘《からかさ》連判状ともいわれている。そこに、宍戸《ししど》隆家《たかいえ》・熊谷信直《くまがいのぶなお》・出羽元祐《いずはもとすけ》といった国人領主たちと並んで元就も署しているが、これは、元就が国人一揆の一員であることを示したものである。

一揆というと、中世の土《つち》一揆、近世の百姓一揆を連想し、百姓たちによる武装蜂起と思われがちであるが、一揆は「揆《き》を一《いつ》にする」の意味で、同盟とか連合のことをいった。つまり、国人領主連合の意味である。

もともと、いわゆる「ドングリの背くらべ」状態であった国人一揆は、横一列であったが、やがて、元就が頭一つ抜けだし、リーダー的な存在になる。ここに取りあげた元就自筆書状で元就自身、「すべりぬけて」といっているように、するすると頭角をあらわしたわけであるが、それは、元就による養子送りこみ戦略が功を奏したという側面があった。二男元春を同じレベルの国人領主である吉川家に養子として入れ、三男隆景も同様、小早川家の養子に入れている。つまり、毛利家は、それまでの一から、三の力になったのである。

こうして元就は国人一揆からの戦国大名化に成功するわけであるが、弘治元年（一五五五）の厳島《いつくしま》の戦いで陶晴賢《すえはるかた》を破ったことで、中国地方を代表する大戦国大名にのしあがっている。このとき、陶軍二万に対し、毛利軍はその五分の一にすぎない四千であったが、狭い厳島に大軍をおびきよせることで、勝利しているのである。

元就は軍略的にもすぐれた才能を発揮し、少ない軍勢で大きな敵を破っており、子どもたちへの書状の中にも、「ひとへに〱武略・計略・調略かたの事までに候〱」とか、「はかりごと多きは勝ち、少なきは敗け候と申す」などと書き記している。

三矢の訓のルーツ

さて、その元就が、毛利家存続のために期待を寄せたのが隆元・元春・隆景の三人の兄弟であった。元就は何通もの書状の中で、三人の結束の必要性をうたっており、ここに取りあげた長文の自筆書状はその代表例といってよい。

十四条にわたる長文の中で、やはり注目されるのは、三人兄弟の結束を訴えているところであろう。「かけご」は懸子のことで、これは、松花堂弁当の、おかずとおかずの間の仕切りのことをさしている。つまり、「三人の間で壁を作ってはいけない」と強調しているのである。

例の「三矢《さんし》の訓《おしえ》」のエピソードが、この部分をもとに創作されたといわれているように、このことはその後の毛利家の発展にとっても大きな意味をもったことがわかる。

実際、長男隆元は父元就に先だって死んでしまったが、そのあと、隆元の遺児輝元を二人の叔父、吉川元春と小早川隆景がみごとに補佐したことが知られている。吉川の川、小早川の川、この二本の川が毛利本家を守ったということで、「毛利両川《りょうせん》」体制とよばれているのである。

なお、この自筆書状は弘治三年（一五五七）十一月二十五日に書かれている。

おわりに

本書で取りあげた二十通の書状は、最近発見されたものも含まれているが、私が大学で古文書学の講義をしたとき、テキストとして使ったものが多い。

私がはじめて大学の教壇に立つことになったとき、主任教授から「君は古文書が得意なようだから、授業の一つは古文書学を担当してもらう」といわれ、以来、講義名称は「古文書入門」とか「古文書学特論」とか変わったが、実に定年まで三十六年間にわたって担当したことになる。

「古文書が得意なようだから」といわれたのは、専任講師として採用されることになったときの履歴書に、日本古文書学会会員と記し、また、業績の中に、同学会の機関誌『古文書研究』に載った私の論文をあげていたからであった。

それと、これは憶測であるが、応募のときに一緒に提出した推薦状を書いていただいたのが私の指導教授だった荻野三七彦《おぎのみなひこ》先生で、先生は古文書学の大家として学界では知られており、日本古文書学会の会長でもあったからではないかと考えている。

戦国武将の書状を使いながら、全く読めない学生をゼロから指導してきたわけであるが、学生を対象としていただけではなく、一般市民の方対象の「古文書入門講座」などもお引き受けし、いろいろと工夫をこらしながら今日に至った次第である。そのときに用いた古文書はどれも私にとっては思い入れもあり、本書でもそのうちの何通かは使っている。読者にも楽しんでいただければ幸いである。

小和田　哲男

本文中の写真は特記以外、著者の撮影による。

地図は、国土地理院の数値地図、「カシミール3D」を使用。なお、地形は現在のものである。

小和田哲男（おわだ・てつお）

1944年，静岡市生まれ．1972年，早稲田大学大学院文学研究科博士課程修了．1973年，静岡大学教育学部専任講師，同大学教授等を経て，同大学名誉教授．専攻・日本中世史．文学博士．

著書『戦国武将』（1981）
『豊臣秀吉』（1985）
『軍師・参謀』（1990）
『戦国武将の実力』（2015，以上，中公新書）
『図録中世文書の基礎知識』（1979，柏書房）
『駿河今川一族』（1983，新人物往来社）
『後北条氏研究』（1983，吉川弘文館）
『秀吉の天下統一戦争』（戦争の日本史15，2006，吉川弘文館）
『戦国の城』（2007，学研新書）
『小和田哲男著作集』（全7巻，2000－2002，清文堂出版）
ほか多数．

戦国《せんごく》武将《ぶしょう》の手紙《てがみ》を読《よ》む
中公新書 *2084*

2010年11月25日初版
2018年12月15日再版

著　者　小和田哲男
発行者　松田陽三

本文印刷　三晃印刷
カバー印刷　大熊整美堂
製　　本　小泉製本

発行所　中央公論新社
〒100-8152
東京都千代田区大手町 1-7-1
電話　販売 03-5299-1730
　　　編集 03-5299-1830
URL http://www.chuko.co.jp/

Published by CHUOKORON-SHINSHA, INC.
Printed in Japan　ISBN978-4-12-102084-0 C1221

中公新書

中公新書刊行のことば

いまからちょうど五世紀まえ、グーテンベルクが近代印刷術を発明したとき、書物の大量生産は潜在的可能性を獲得し、いまからちょうど一世紀まえ、世界のおもな文明国で義務教育制度が採用されたとき、書物の大量需要の潜在性が形成された。この二つの潜在性がはげしく現実化したのが現代である。

いまや、書物によって視野を拡大し、変りゆく世界に豊かに対応しようとする強い要求を私たちは抑えることができない。この要求にこたえる義務を、今日の書物は背負っている。だが、その義務は、たんに専門的知識の通俗化をはかることによって果たされるものでもなく、通俗的好奇心にうったえて、いたずらに発行部数の巨大さを誇ることによって果たされるものでもない。現代を真摯に生きようとする読者に、真に知るに価いする知識だけを選びだして提供すること、これが中公新書の最大の目標である。

私たちは、知識として錯覚しているものによってしばしば動かされ、裏切られる。私たちは、作為によってあたえられた知識のうえに生きることがあまりに多く、ゆるぎない事実を通して思索することがあまりにすくない。中公新書が、その一貫した特色として自らに課すものは、この事実のみの持つ無条件の説得力を発揮させることである。現代にあらたな意味を投げかけるべく待機している過去の歴史的事実もまた、中公新書によって数多く発掘されるであろう。

中公新書は、現代を自らの眼で見つめようとする、逞しい知的な読者の活力となることを欲している。

一九六二年一一月

中公新書

日本史

2189 歴史の愉しみ方　磯田道史
2455 日本史の内幕　磯田道史
2295 天災から日本史を読みなおす　磯田道史
2389 通貨の日本史　高木久史
2321 道路の日本史　武部健一
2494 温泉の日本史　石川理夫
2299 日本史の森をゆく　東京大学史料編纂所編
2500 日本史の論点　中公新書編集部編
1617 歴代天皇総覧　笠原英彦
2302 日本人にとって聖なるものとは何か　上野　誠
1928 物語 京都の歴史　脇田　修　脇田晴子
2345 京都の神社と祭り　本多健一
482 倭　国　岡田英弘
147 騎馬民族国家（改版）　江上波夫
2164 魏志倭人伝の謎を解く　渡邉義浩

1085 古代朝鮮と倭族　鳥越憲三郎
2470 倭の五王　河内春人
2462 大嘗祭―天皇制と日本文化の源流　工藤　隆
1878 古事記の起源　工藤　隆
2157 古事記誕生　工藤　隆
2095 『古事記』神話の謎を解く　西條　勉
804 蝦夷《えみし》　高橋　崇
1041 蝦夷《えみし》の末裔　高橋　崇
1622 奥州藤原氏　高橋　崇
1293 壬申の乱　遠山美都男
1568 天皇誕生　遠山美都男
1779 伊勢神宮―東アジアのアマテラス　千田　稔
2371 カラー版 古代飛鳥を歩く　千田　稔
2168 飛鳥の木簡―古代史の新たな解明　市　大樹
2353 蘇我氏―古代豪族の興亡　倉本一宏
2464 藤原氏―権力中枢の一族　倉本一宏
291 神々の体系　上山春平

2362 六国史《りっこくし》―日本書紀に始まる古代の「正史」　遠藤慶太
1502 日本書紀の謎を解く　森　博達
1802 古代出雲への旅　関　和彦
2457 光明皇后　瀧浪貞子
1967 正倉院　杉本一樹
2054 正倉院文書の世界　丸山裕美子
2452 斎宮―伊勢斎王たちの生きた古代史　榎村寛之
2441 大伴家持　藤井一二
1240 平安朝の女と男　服藤早苗
2510 公卿会議―論戦する宮廷貴族たち　美川　圭
1867 院　政　美川　圭
2281 怨霊とは何か　山田雄司
2127 河内源氏　元木泰雄